**Vol. 2**

지적장애
통합교육
학습장애
전환교육

2027 특수교사임용시험 대비

김은진 스페듀 합격노트

김은진 편저

*Special Education*

박문각임용

동영상강의 www.pmg.co.kr

**정답 및 해설 미수록**
정답 및 해설은
동영상강의(유료)로 제공

박문각

*Contents*

## 차 례

PART

**03**

**학습장애**

PART

**04**

**전환교육**

김은진
스페듀
합격노트
Vol. 2

Special Education

# 01

# 지적장애

# 지적장애의 이해(1)

학습목표 지적장애에 대한 조작적 정의의 핵심 구성요인을 설명할 수 있다.

## 01 증거기반의 통합적 모델

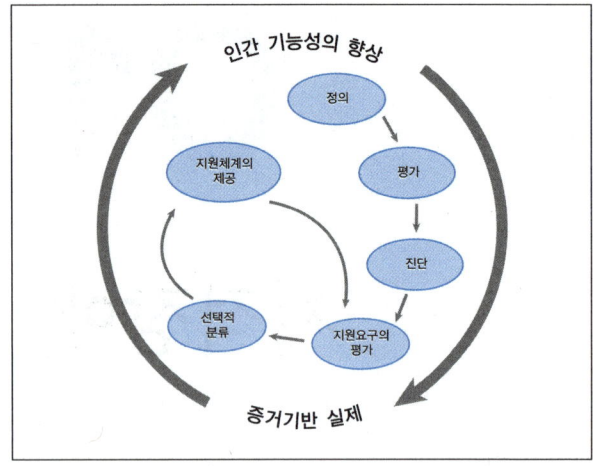

## 02 지적장애에 대한 정의

- 「장애인 등에 대한 특수교육법」 정의
- AAIDD 지적장애 정의 ┬ 정의
  └ 정의를 위한 전제

* 조작적 정의: 어떠한 개념(행동)을 구체적이고 측정 가능한 형태로 구체화 하는 것

### 1. 특수교육법 정의

지적장애란 _____과 _____의 어려움이 함께 존재해 교육적 성취에 어려움이 있는 사람

✎ 선별검사 및 진단평가 영역: _____

### 2. AAIDD 지적장애 조작적 정의

① 지적장애란 _____과 개념적·사회적·실제적 적응기술로 표현되는 _____ 양 영역에서 심각한 제한성을 보이는 것

② 이 장애는 발달기 동안 발생하며, 발달기는 한 개인이 _____가 되기 전이라고 조작적으로 정의됨

③ 이러한 정의를 적용하기 위해서는 다음과 같은 가정이 반드시 전제되어야 함

  ㉠ 현재 기능성에서의 제한성은 한 개인의 동년배 또래들과 문화에 전형적인 _____의 맥락 안에서 고려되어야 함

  ㉡ 타당한 평가는 _____들뿐 아니라 의사소통, 감각적, 운동성 및 행동적 요소들에서의 차이들을 고려함

  ㉢ 한 개인 안에서 제한성은 강점과 자주 공존함

  ㉣ 제한성을 묘사하는 중요한 목적은 필요한 지원의 프로파일을 개발하는 것

  ㉤ 장기간에 걸쳐 적합한 개인화된 지원이 주어지면 지적장애인의 _____은 일반적으로 향상될 것임

## 03 지적장애 조작적 정의의 핵심 구성요인

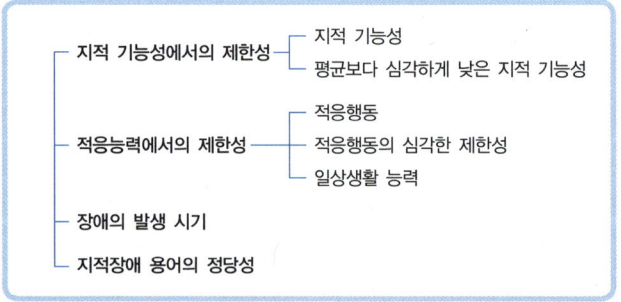

### 1. 지적 기능성에서의 제한성

① 지적 기능성: 자신을 둘러싼 환경과 사건을 이해하고, 무엇을 해야 할지를 판단하는 보다 광범위한 능력

② 지적 기능성의 제한성 : _____,

_____, _____에서

어려움

③ 평균보다 심각하게 낮은 지적 기능성

　㉠ 표준화된 지능검사를 실시한 후 평균이 _____,

　　표준편차가 _____인 편차 지능지수로 표시함

　㉡ 전체 IQ점수가 평균으로부터 _____ 이하

　　에 해당함

　㉢ 해당 검사도구의 '측정의 표준오차'에 근거해

　　_____을 고려하여 해석함

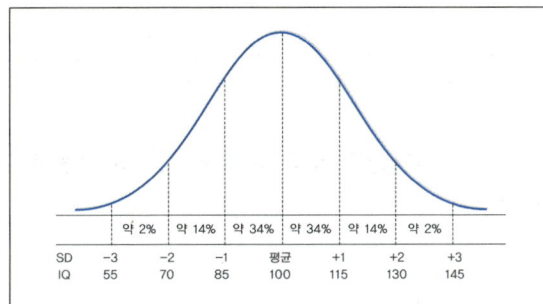

| SD | −3 | −2 | −1 | 평균 | +1 | +2 | +3 |
| 약 2% | 약 14% | 약 34% | 약 34% | 약 14% | 약 2% | | |
| IQ | 55 | 70 | 85 | 100 | 115 | 130 | 145 |

## 2. 적응능력에서의 제한성

① 적응행동 : 일상생활 능력뿐만 아니라 삶의 변화 및
환경적 요구에 반응하는 능력

② 적응행동 기술

| 개념적 적응행동 | 개념적 기술이란 인지적인 문제해결이나 의사소통·학업에 사용될 수 있는 기술<br>예 _____<br>_____ |
|---|---|
| 사회적 적응행동 | 사회적 기술이란 사회적 기대와 다른 사람의 행동을 이해하고 사회적 상황에서 적절하게 행동하는 데 필요한 기술<br>예 _____<br>_____<br>_____ |
| 실제적 적응행동 | 실제적 기술이란 평범한 일상생활에서 독립된 인간으로서 자신을 유지하고 보호하며 도구를 활용할 수 있는 기술<br>예 _____<br>_____<br>_____<br>_____ |

③ 적응행동의 심각한 제한성

　㉠ 표준화된 적응행동검사에서 세 가지 적응행동
　　유형 중 최소한 하나의 영역 점수가 평균보다
　　_____ 이하에 해당함

　㉡ 해당 검사도구의 '측정의 표준오차'에 근거한
　　_____을 고려해 해석함

④ 일상생활 능력 : 독립적으로 살아가는 데 필수적으로
요구되는 활동을 할 수 있는 능력

　㉠ _____ : 독립적으로 살아가
　　기 위해 필요한 신체적 활동능력

　㉡ _____ : 생활수단을 독립적
　　으로 이용할 수 있는가에 대한 활용능력

| 기본적 일상생활 활동(ADL) | 수단적 일상생활 활동(IADL) |
|---|---|
| • 목욕, 샤워하기 | • 다른 사람 돌보기 |
| • 옷 입고 벗기 | • 아이 돌보기 |
| • 식사하기 | • 지역사회 이동 |
| • 개인용품 관리 | • 건강관리와 유지 |
| • 성생활 | • 식사 준비, 설거지 |
| • 대소변 관리 | • 안전, 응급상황 관리 |
| • 먹기 | • 애완동물 돌보기 |
| • 기능적 이동 | • 의사소통 관리 |
| • 개인위생과 몸단장 | • 재정관리 |
| • 화장실 위생 | • 가정관리 |
| | • 종교행사 |
| | • 쇼핑하기 |

## 형성평가

**01** AAIDD 12차 매뉴얼에 제시된 증거기반의 통합적 모델 단계를 순서대로 나열하고 각 단계의 내용을 간략히 설명하시오.

> ㉠ 진단
> ㉡ 정의
> ㉢ 지원체계의 제공
> ㉣ 지원요구의 평가
> ㉤ 평가
> ㉥ 선택적 분류

**02** 괄호 안에 들어갈 말을 쓰시오.

> 「장애인 등에 대한 특수교육법」에 따르면 지적장애란 ( ① )와/과 ( ② )의 어려움이 함께 존재하여 교육적 성취에 어려움이 있는 사람이다. 지적장애를 정의하기 위해 ( ① )뿐 아니라 ( ② )을/를 기준으로 하는 ( ③ ) 접근을 적용하였다.

**03** AAIDD 12차 정의에서 지적장애 정의를 적용할 때 전제되어야 하는 필수적인 가정 5가지를 서술하시오.

**04** 지적장애로 진단되기 위해서 충족해야 하는 절사점 기준을 ① 지적 능력에서의 제한성과 ② 적응 능력에서의 제한성 측면에서 각각 쓰시오.

\* 절사점(cutoff score) : '심각한 제한성 기준'의 경계를 결정하는 대략적인 점수를 나타내는 데 사용되는 용어

**05** 지적 기능성의 영역 3가지와 각각의 예를 한 가지 씩 쓰시오.

**06** AAIDD에서 제시한 적응행동의 3가지 하위유형의 개념을 간략히 서술하고, 여기에 포함된 구체적인 하위 기술들을 각각 2가지씩 제시하시오.

**07** 적응행동의 제한성을 측정의 표준오차에 근거하여 해석하시오.

**08** 적응행동에서의 검사는 최대 수행이 아닌 전형적인 수행에 근거하여 평가한다. 이때 전형적인 수행은 무엇인지 쓰시오.

**09** '일상생활 능력'의 개념을 쓰고, 이를 지도해야 하는 필요성을 서술하시오.

**10** 기본적 일상생활 활동과 수단적 일상생활 활동의 개념을 각각 쓰고, 예를 1가지씩 쓰시오.

**11** 다음 적응행동에 대한 설명 중 틀린 내용 2가지를 찾아 바르게 수정하시오.

> ㉠ 적응행동은 발달적이며 연령에 따라 그 복잡성이 증가한다.
> ㉡ 적응행동은 고정된 것이 아니라 삶의 시기나 환경적 요구에 따라 달라질 수 있다.
> ㉢ 적응행동의 제한성은 표준화된 검사 점수만으로 평가되어야 한다.
> ㉣ 적응행동은 지능지수(IQ)와 정적 상관관계가 매우 높기 때문에, 지능 검사 점수가 낮으면 별도의 적응행동 검사 없이도 지적장애로 진단할 수 있다.
> ㉤ 적응행동 점수를 해석할 때는 측정의 오차를 고려하여, 검사도구의 '측정의 표준오차'에 근거한 95%의 신뢰구간을 적용하여 범위를 확인해야 한다.

**12** AAIDD 매뉴얼에서 사용된 지적 기능성 평가에 대한 접근은 Cattell-Horn-Carroll(CHC) 지능이론을 포함한다. 여기서 '결정지능'과 '유동지능'의 정의적 특성을 각각 서술하시오.

**13** 지적장애 학생의 특성 중 아래에서 설명하는 용어를 쓰시오.

> 남에게 쉽게 놀림을 당하거나, 속임을 당하거나 혹은 이용을 당하는 경우를 포함하는 지적장애의 특성

# 지적장애의 이해(ㄹ)

## 04 인간 기능성의 다차원적 모델

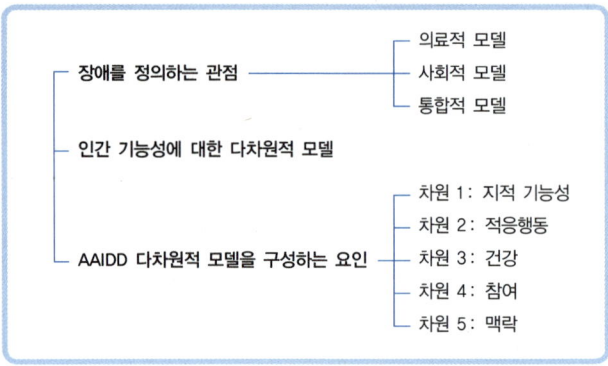

## 1. 장애를 정의하는 관점

| | |
|---|---|
| 의료적 모델 | 장애의 원인을 개인의 신체 내 손상으로 봄. 따라서 장애를 _____으로 간주함 |
| 사회적 모델 | 장애의 원인을 사회적 제약 또는 개인에 대한 지원의 부족으로 봄. 따라서 결함에 초점을 두기보다는 장애에 대한 _____을 해결하는 것에 초점을 둠 |
| 통합적 모델 | 손상을 가진 개인과 환경과의 부적응 상태를 장애로 봄. 따라서 개인과 _____를 위한 _____에 초점을 둠 |

## 2. 장애의 사회-생태학적 모델

① **기능성 접근법 촉진**: 사람에게 영향을 미치는 생태학적 요인에 대한 인식의 틀을 제공함

② **상호작용 중심**: 개인-맥락적 상호작용과 그것이 인간 기능성에 미치는 영향에 초점을 둠

③ 인간 기능성은 개인적 능력과 맥락적 요구 사이의 적합성과 _____의 제공에 의해 촉진됨

## 3. 인간 기능성에 대한 다차원적 모델(AAIDD)

① 장애의 사회-생태학적 모델에 기반

　㉠ **기능성 접근법**: _____에 대한 인식 제공

　㉡ **지원체계 강조**: 개인-맥락적 상호작용 사이에서 중개적 역할을 하는 _____의 제공을 강조함

② 인간 기능성의 다차원적 모델(개념적 틀)

　㉠ 인간 기능성의 5가지 차원 → _____의 요인들로 구성됨

　㉡ 인간 기능성을 향상시키기 위한 개별화된 지원 역할 강조

③ WHO의 ICF 모델과 일관성

　'건강'을 질병과 장애 외에도 기능, 참여, 환경과의 상호작용과 같은 다양한 측면에서 종합적으로 이해

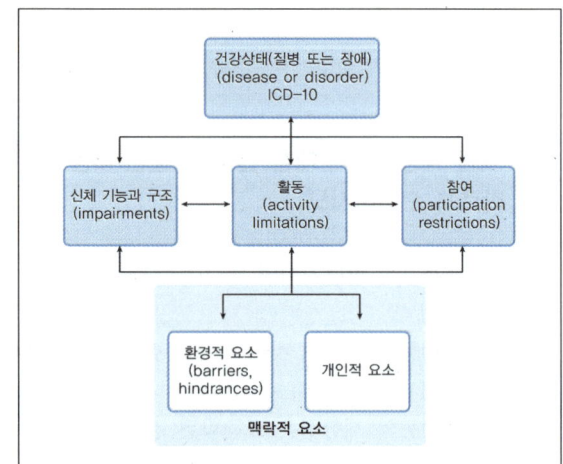

④ AAIDD의 다차원적 모델을 구성하는 요인

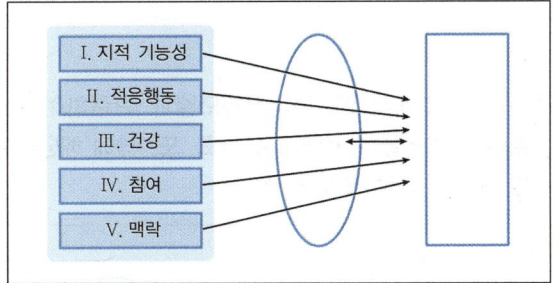

| 차원 | 내용 |
|---|---|
| | 일반적인 정신능력(추론하기, 계획하기, 문제해결하기, 추상적으로 사고하기, 복잡한 생각 이해하기, 신속하게 배우기, 경험으로부터 배우기 등)을 포함 |
| | • 개념적·사회적·실제적 기술의 총합<br>• 최대 수행능력이 아닌 _____을 알아보는 평가를 실시함<br>* 전형적인 수행(typical performance) : 개인이 무엇을 할 수 없거나 할 수 있는 것이 아닌, 개인이 도움이나 촉진 없이 일상적으로 하는 것. 이는 지능 측정에서 평가되는 능력 및 최대 수행능력(maximum performance)과 구별됨 |
| | 신체적·정신적·사회적 안녕의 완전한 상태를 의미 |
| | • 여가·가정생활·직업·교육·영성적·문화활동에서의 접근성과 기회들<br>• 사회생활에서 실제 활동을 수행하는 것을 직접 관찰을 통해 평가함 |
| | 환경을 넘어서 인간의 삶과 인간 기능성의 환경을 구성하는 상황의 전체성을 통합하는 개념 |

**05 지원 모델**

- 지원 모델의 이해
- 지원의 평가 및 계획, 실행 과정

## 1. 지원 모델의 이해

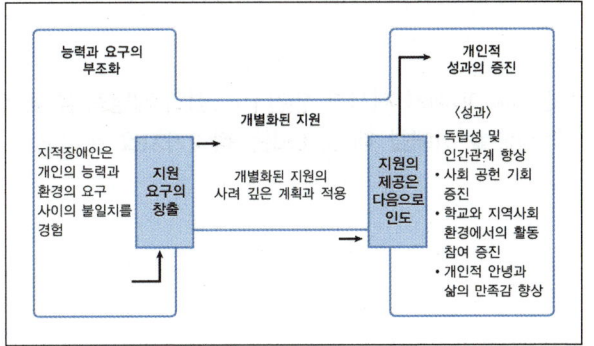

## 2. 지원의 평가 및 계획, 실행 과정

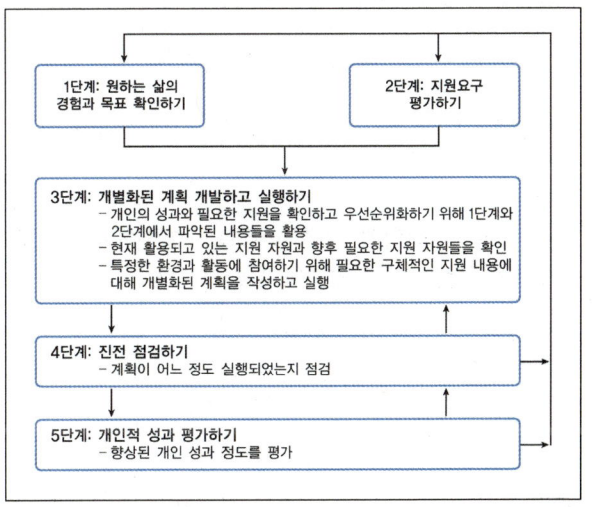

**06 지적장애 분류에 대한 실제 지침**

- 지원요구에 따른 분류
- 적응행동 수준에 따른 분류
- 지적 기능성 수준에 따른 분류

① 가장 선호되는 분류는 지원요구 강도에 따른 분류
   → _____ (백분위점수)

② 개념적·사회적·실제적 적응기술에 따른 분류
   → _____ (표준점수 100, 15)

③ 전체 지능지수에 따른 분류
   → _____ (표준점수 100, 15)

## ✎ 형성평가

정답 및 해설은 동영상강의(유료)로 제공 ●

**14** AAIDD에서 제시한 '인간 기능성의 개념적 틀'에서 지적장애를 이해할 때 강조되는 점 2가지를 쓰시오.

**15** AAIDD의 '다차원적 모델'을 구성하는 5가지 인간 기능성의 차원을 쓰고, 각각의 차원에서 지원을 통한 주요 성과평가(개발·향상)의 초점을 쓰시오.

**16** 사회-생태학적 모델(AAIDD, 2021)에서의 인간 기능성을 향상시키는 방법을 서술하시오.

**17** 다차원적 모델의 구성요소 중 '적응행동'과 '참여'의 평가 특징을 각각 쓰시오.

**18** 지적장애 하위집단 분류체계 중 가장 선호되는 분류체계를 쓰고, 집단을 구분하는 점수의 유형을 쓰시오.

**19** AAIDD에서 제시한 지원모델과 관련하여 ㉠~㉢에 들어갈 내용을 순서대로 쓰시오. 또, ㉣에 해당하는 예시를 3가지 이상 쓰시오.

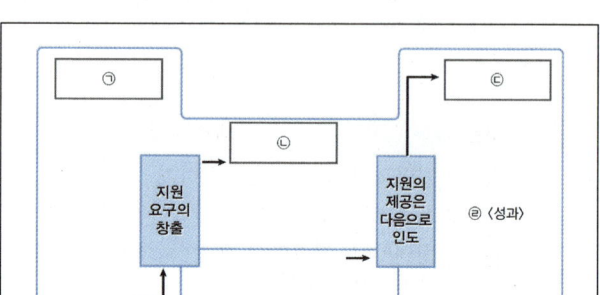

**20** 다음은 지원의 평가 및 계획, 실행 과정에 대한 내용이다. 각 물음에 답하시오.

> (1) ㉠ <u>원하는 삶의 경험과 목표 확인하기</u>
> (2) ㉡ <u>지원요구 평가하기</u>
> (3) 개별화된 지원계획 개발·실행하기
> (4) 진전 점검하기
> (5) 개인적 성과 평가하기

1) ㉠을 위한 방법을 쓰고, 해당 방법의 특징을 2가지 서술하시오.

2) ㉡ 단계에서 이루어지는 표준화된 평가도구와 비표준화된 평가방법을 각각 쓰고, ㉡ 단계의 목적을 서술하시오.

# 지적장애의 이해(3)

학습목표 지원체계의 개념·특성·유형 및 지원 강도에 따른 분류에 대해 설명하고, PCP → SIS → PSP의 과정을 설명할 수 있다.

## 07 지원체계에 대한 이해

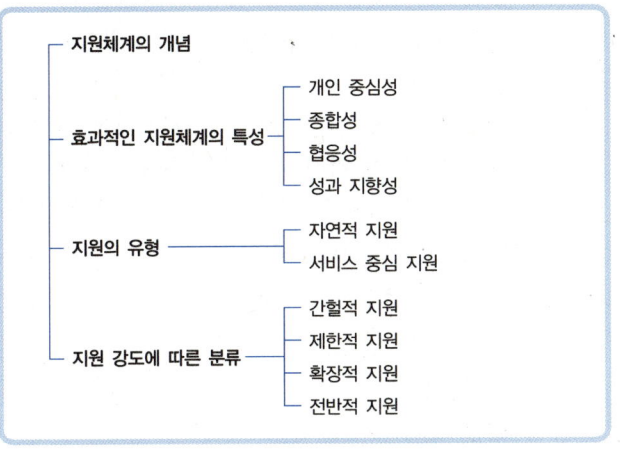

```
┌─ 지원체계의 개념
│
│                        ┌─ 개인 중심성
├─ 효과적인 지원체계의 특성 ─┤ 종합성
│                        │ 협응성
│                        └─ 성과 지향성
│
├─ 지원의 유형 ─────────┬─ 자연적 지원
│                     └─ 서비스 중심 지원
│
│                        ┌─ 간헐적 지원
└─ 지원 강도에 따른 분류 ──┤ 제한적 지원
                         │ 확장적 지원
                         └─ 전반적 지원
```

## 1. 지원체계의 개념 및 특성

① 지원체계: 한 개인의 발달과 권익을 증진시키고, 그 개인의 _____과 _____을 향상시키는 상호 연결된 자원 및 전략 네트워크
→ 이를 문서화(_____)

② 효과적인 지원체계의 특성

| | |
|---|---|
| 개인 중심성 개인적 지원요구 평가 | • 지원체계의 목적은 개인의 기능적인 제한성과 맥락적 요구 사이의 차이를 줄이고, 그에 따라 인간 기능성과 개인적 안녕을 향상시키는 것<br>→ 개인의 지원요구를 평가하고 이를 바탕으로 지원계획과 실행이 이루어져야 함<br>• 개인의 지원요구 평가는 _____를 사용해 지원요구 _____를 산출하는 표준화된 지원요구 척도를 기반으로 함 |

| | |
|---|---|
| 종합성 (포괄성) 지원체계의 요소 | 효과적인 지원체계는 다음의 요소를 포괄함<br>– 선택 및 개인적 자율성<br>– 통합 환경<br>– 일반적 지원: 모든 사람에게 유용한 지원<br>→ _____<br>– 전문화된 지원: 전문적 중재·치료<br>→ _____ |
| 협응성 개인지원계획 (PSP) | 지원체계 제공에 대한 체계적·통합적 접근을 위해 _____을 수립 → 실행 |
| 성과 지향성 인간 기능성 성과 틀 | 인간 기능성 모델의 5가지 차원에 따른 주요 성과 및 성과지표를 제시함<br>– 지적 기능성 →<br>– 적응행동 →<br>– 건강 →<br>– 참여 →<br>– 맥락 → |

## 2. 지원의 유형

① 자연적 지원: 주어진 환경 내에서 자연스럽게 제공될 수 있는 인적·물적 자원을 통해 지원되는 것
예 _____

② 서비스 중심 지원: 한 개인의 자연스러운 환경의 일부가 아닌 사람들이나 장비 등에 의해 제공되는 지원
예 _____

## 3. 지원 강도에 따른 분류

| | |
|---|---|
| 간헐적 지원 | 필요할 때나 위기상황에서 일시적으로 제공 |
| 제한적 지원 | 제한된 일정 시간 동안 일관성 있게 제공 |
| 확장적 지원 | 몇몇 환경에서 정기적으로 제공 |
| 전반적 지원 | 항구성을 가지는 고강도의 지원을 지속적으로 거의 모든 환경에 걸쳐 제공 |

## 08 부록

> 개인중심계획(PCP)
> 한국판 아동용 지원정도척도(K-SIS-C)
> 개인지원계획(PSP)

### 1. 개인중심계획(PCP)

① 정의: 장애인 당사자가 희망하는 삶에 대해 팀 중심으로 함께 탐색하고, 그 삶을 살기 위해 필요한 지원을 찾아가는 일련의 과정

② 특징
  ㉠ _____
  ㉡ _____
  ㉢ _____

③ 단계: 문제 판별 → 문제 분석 → 협력적 문제해결 → 행동계획 설계와 후속조치 개발

④ PCP 모델: MAPS, COACH, PATH 등

> **더 알아보기** _____(SDP)
> • 장애학생이 자신의 IEP 목표 및 목표달성을 위한 계획 수립 과정에 직접 참여하는 것
> • 개인중심계획은 계획 수립에 함께하는 타인의 역할을 더 강조하는 반면, 학생주도계획은 목표를 설정하고 의사결정하는 학생의 역량을 더 강조함

### 2. 한국판 아동용 지원정도척도(K-SIS-C)

① 정의: 지적장애로 진단된 개인의 지원요구에 대한 평가 시 사용할 수 있는 _____

② 지원요구에 대한 _____를 통해 어느 지원영역에서 어떤 유형의 지원이, 얼마나 빈번하게 제공되어야 하는지를 분석한 후, _____을 수립할 수 있도록 정보를 제공함

③ 강점
  ㉠ _____
  ㉡ _____

④ 구성
  ㉠ **연령**: 만 5~16세의 지적 및 자폐성장애 아동

  ㉡ **영역**
  • 영역1. 예외적인 의료/행동 지원요구 영역
  • 영역2. 지원요구(지표) 척도(7영역)
    → _____

  🔔 영역2 점수만 표준점수 변환에 활용됨

⑤ 실행: 표준화된 면접도구(구조화된 면접도구)
  ㉠ 면접자: 최소한 두 명 이상의 피면접자로부터 정보 수집, 피면접자들 간 정보가 일치하지 않을 경우 정보를 _____으로 판단해 기록함
  ㉡ 피면접자: 최소 _____ 동안 해당 아동을 잘 알고 지냈고, 한 가지 이상의 환경에서 적어도 몇 시간 동안 아동을 관찰할 기회가 있었던 사람

⑥ 평가: 5점(0~4점)으로 평정
  → 점수가 높을수록 지원요구↑
  ㉠ 지원 유형: _____
  ㉡ 지원 빈도: _____
  ㉢ 일일 지원시간: _____

⑦ 결과: 7개의 하위영역별 표준점수(평균 10, 표준편차 3)와 백분위점수를 제공하고, 하위영역들 평균의 합에 대한 _____(평균 100, 표준편차 15)와 백분위점수를 제공함

  🔔 표준점수와 백분위점수는 상대적 위치점수이므로 동일 연령대의 지적장애 그리고 자폐성장애 아동들과 비교해 해당 아동의 상대적인 지원요구 수준과 정도에 대한 해석이 가능함

### 3. 개인지원계획(PSP)

① 정의: 개인의 발달과 유익을 촉진하고 개인의 기능성과 안녕을 증진하는 지원체계 제공에 대한 체계적이고 통합적인 접근

② PSP에 대한 체계적 접근의 구성요소(과정)

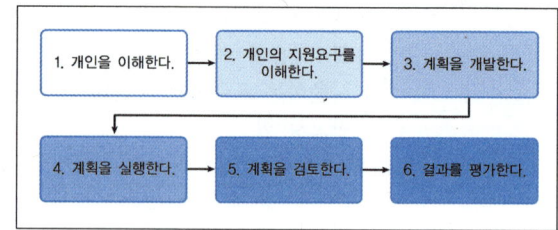

## ✎ 형성평가

정답 및 해설은 동영상강의(유료)로 제공 ●

**21** 지원체계의 개념을 서술하고, 효과적인 지원체계의 특성을 모두 쓰시오.

**22** 지원체계의 요소를 쓰시오.

**23** 국제적인 합의를 이룬 7가지 일반적 지원의 구성요소를 쓰시오.

**24** 다음 ㉠~㉢에 들어갈 내용을 순서대로 쓰시오.

지원요구는 인간 기능성과 연관된 활동에 참여하기 위해 필요한 지원의 패턴과 강도이다. 한 개인의 지원요구를 평가하기 위해서는 표준화된 평가인 ( ㉠ )을/를 사용하여 지원요구 ( ㉡ )을/를 산출하는 표준화된 지원요구 척도를 기반으로 한다. 이를 통해 지원요구의 우선순위를 결정하고 지원 계획, 지원 제공, 자원 할당 등을 위한 ( ㉢ )으로 협응된다.

**25** 자연적 지원과 서비스 중심 지원의 예를 각각 2가지씩 제시하시오.

**26** 개인지원계획(PSP)을 작성하는 목적을 서술하시오.

**27** 다음에 해당하는 지원 유형을 쓰시오.

(ㄱ) 갑자기 생긴 문제행동에 대한 일시적인 행동중재
(ㄴ) 중학교로의 전환을 위해 필요한 지원 제공

**28** 지원정도척도(SIS)의 평가 결과 제공하는 성과체계 2가지를 쓰고, 필요한 지원영역을 결정할 때 활용하는 점수의 유형을 쓰시오.

**29** 지원정도척도(SIS)와 적응행동검사를 사용 목적에 근거하여 비교하시오.

**30** 개인지원계획을 개발한 후 실행할 때 확인해야 할 실행 충실도의 유형을 모두 쓰시오.

**31** 다음은 개인지원계획의 단계이다. 6단계에서 평가할 내용을 서술하시오.

> (1) 개인을 이해한다.
> (2) 개인의 지원요구를 이해한다.
> (3) 개인지원계획을 개발한다.
> (4) 개인지원계획을 실행한다.
> (5) 개인지원계획을 검토한다.
> (6) <u>결과를 평가한다.</u>

**32** 지원정도척도(SIS) 검사도구의 강점을 2가지 서술하시오.

**33** 지원정도척도(SIS)에서 응답자의 자격조건을 쓰시오.

**34** 지원정도척도(SIS)의 평가차원 3가지를 제시하고, 각각에 대하여 서술하시오.

**35** 지원정도척도(SIS)에서 하위영역별 점수와 SIS-C 지원요구지표 점수의 특징을 '집단 비교 측면'에서 서술하시오.

# Chapter 02 지적장애의 원인 및 예방

<학습목표> 지적장애 원인에 대한 다중 관점과 주요 행동표현형을 이해하고, 지적장애 예방을 위한 단계별 목적과 구체적 방법을 설명할 수 있다.

## 01 지적장애의 발생률과 출현율

## 02 지적장애 원인론

```
┌─ AAIDD 지적장애 원인론의 변화
│                                  ┌─ 생의학적 관점
│  지적장애 원인에 대한 다중 관점 ─┤  심리교육적 관점
│                                  │  사회문화적 관점
│                                  └─ 사법적 관점
│  생의학적 위험 요인 ──────────────┬─ 염색체 이상
│                                  └─ 유전자 장애
└─ 증후군별 빈번하게 관찰되는 행동표현형
```

### 1. 지적장애 원인에 대한 다중 관점(AAIDD 12차)

① 생의학적 관점
  ㉠ 추정된 장애의 위치 : 유전자-환경 상호작용, 건강, 두뇌 발달
  ㉡ 판별된 위험요인 : 유전자 이상, 염색체 이상, 대사 이상, 생물학적 이상, 뇌손상, 기형 유발 물질 등
  ㉢ 지원 : _____

② 심리교육적 관점
  ㉠ 추정된 장애의 위치 : 지적 기능성, 적응행동, 참여 간 역동적이고 상호적인 관여
  ㉡ 판별된 위험요인 : 양육, 조기개입 결여, 개인적 성장과 발달을 위한 기회 부족, 불안정한 아동기 등
  ㉢ 지원 : _____

③ 사회문화적 관점
  ㉠ 추정된 장애의 위치 : 개인적 능력과 환경적 요구 간 차이
  ㉡ 판별된 위험요인 : 사회차원적 태도, 빈곤한 환경 등
  ㉢ 지원 : _____

④ 사법적 관점
  ㉠ 추정된 장애의 위치 : 사회차원적 조치, 정부체제들
  ㉡ 판별된 위험요인 : 사회적 불평등, 불의, 차별 등
  ㉢ 지원 : _____

### 2. 생의학적 위험요인

| 원인 | | | 사례 |
|---|---|---|---|
| 염색체 이상 | 상염색체 | 염색체 수 이상 | |
| | | 염색체 구조 이상 | |
| | 성염색체 | 염색체 수 이상 | |
| 유전 및 유전자 돌연변이 | 상염색체 | 우성유전 | |
| | | 열성유전 | |
| | 성염색체 | 유전(표현촉진) | |
| | | 유전자 돌연변이 | |
| | | 열성유전 및 돌연변이 | |

**더 알아보기** 상염색체 열성유전 → _____

• 인체의 특정 물질을 분해하는 효소의 결핍으로 인해 대사되어야 할 물질이 신체에 그대로 축적될 뿐 아니라 최종 산물의 생성에도 문제가 생겨 여러 가지 장애를 초래함. 따라서 대사장애 아동들은 신생아 시기에 혈액검사를 통해 조기 선별하고, 특정 물질의 섭취를 엄격하게 제한하는 식이요법이 필요함
• 페닐케톤뇨증, 갈락토스혈증, 호모시스틴뇨증, 단풍당뇨증 등

## 3. 증후군별 행동표현형

① **행동표현형**: 특정 유전 증후군이 있는 개체에서 더 자주 발생하는 _____을 의미함. 그러나 성장 환경, 발달 여건 등의 영향을 받기 때문에 과잉 일반화되어서는 안 됨

② **의의**: 장애 원인으로 인해 나타날 수 있는 강점과 약점 등을 정확하게 파악해 교육과 지원을 계획

③ **증후군별 강점**

    ㉠ 시공간 강점: _____

    ㉡ 언어·청각 강점: _____

**약체 X 증후군**

- _____이 단기기억 능력이나 시공간적 기술보다 우수함
- 순차적 처리보다는 _____가 요구되는 과제에서 강점을 보임
- _____에서 상대적 강점을 보임
- 부주의, 과잉행동, 자폐증과 유사한 행동 등을 보임
- 모든 연령에서 불안장애를 보임

**레트 증후군**

- 손을 씻거나 비트는 듯한 비정상적인 손의 상동행동을 보임
- 수면장애를 보임
- 자폐증과 유사한 행동들이 나타남

**다운증후군**

- 언어나 청각적 과제보다 _____ 과제 수행이 더 우수함
- 장기기억 능력이 요구되는 과제에서의 수행능력이 동일한 정신연령 아동에 비해 지체됨
- 수용언어 능력이 _____보다 상대적으로 우수함
- 지능에 비해 상대적으로 _____에서 강점을 보임
- _____ 성격을 보임
- 성인기에 우울증과 치매 성향이 나타남

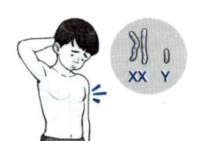

**클라인펠터 증후군**

- 정상적인 남성 성염색체 XY에 여분의 X 염색체가 추가되어 발생
- 남성에게만 영향
- 주요 증상: 운동발달 지연, 언어 지연, 읽기장애, 빈약한 체모와 고음, 여성형 지방 분포, 고환발생장애, 정세관 위축, 무정자증, 불임 등

**터너 증후군**

- 여성의 성염색체 XX 중에서 단 한 개의 X 염색체만 가지고 태어나 XO 염색체 결합
- 정상적인 여성호르몬 생산×
- 주요 증상: 작은 키, 짧고 두꺼우며 물갈퀴처럼 붙은 목, 신장 및 심장 등과 같은 내장기관 문제, 운동능력 결손, 주의집중 및 시지각 기술 문제

**프래더-윌리 증후군**

- 부계로부터 유전된 15번째 염색체 이상으로 발생
- _____ 증상을 보임
- 순차적인 처리보다는 동시적인 처리가 요구되는 과제에서 강점을 보임
- 단기기억 능력보다 장기기억 능력이 우수함
- _____이 요구되는 과제와 _____에서 강점을 보임
- 타인을 꼬집는 행동 및 심한 짜증을 보임
- 모든 연령에서 강박장애와 충동조절장애가 나타남

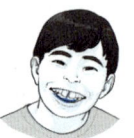

**안젤만 증후군**

- 모계로부터 유전된 15번째 염색체 이상으로 발생
- 아동기와 청소년기에 종종 부적절한 _____을 보임
- 모든 연령에서 일반적으로 행복해하는 기질을 보임
- 과잉행동 및 수면장애를 보임

**묘성증후군**

- 5번째 염색체 이상으로 발생
- 과잉행동을 보임
- 자기자극행동 및 자해행동을 보임
- _____와 같은 소리를 냄

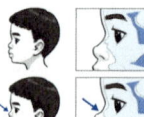

**윌리엄스 증후군**

- 7번째 염색체 이상으로 발생
- _____기억, _____에서 강점을 보임
- 시공간적 기능, 지각-운동 계획과 소근육 기술에서 제한을 보임
- _____에서 강점을 보임
- 사회적 지능은 낮으나 사람들에게 친밀하게 대함
- 모든 연령에서 불안장애가 나타남

## 03 지적장애 예방을 위한 지원

```
┌─ 1차적 예방
├─ 2차적 예방
└─ 3차적 예방
```

| | |
|---|---|
| 1차 | 질병이나 장애 자체의 출현을 예방하는 전략<br>예 _____ |
| 2차 | 이미 어떤 상태나 질병의 영향을 받는 개인에게서 장애나 증상이 나타나는 것을 예방하는 전략<br>예 _____ |
| 3차 | 장애로 인해 나타날 수 있는 기능상의 어려움을 최소화하기 위한 전략으로, 개인의 전반적인 기능 향상을 목표로 함<br>예 _____ |

## 형성평가

**01** 지적장애 원인에 대한 다중 관점 4가지를 쓰고, 각 관점에서 판별되는 위험요인과 그에 따른 지원방안을 1가지씩 쓰시오.

**02** 행동표현형의 의미를 서술하고, 증후군별 행동표현형을 파악할 때 과잉일반화해서는 안 되는 이유를 쓰시오.

**03** ⓐ~ⓒ에 해당하는 AAIDD에서 제시한 증후군의 명칭을 쓰시오.

| | |
|---|---|
| ⓐ | • 시공간적 기술에 비해 더 나은 음성언어 기술을 가지고 있음<br>• 일상생활 기술과 자조기술에서 상대적 강점을 보임 |
| ⓑ | • 지능에 비해 적응기술이 뛰어남<br>• 시공간적 과제수행이 더 우수함<br>• 명랑하고 사회적인 성격임 |
| ⓒ | • 이상 식욕과 비만 증상을 보임<br>• 순차적인 처리보다 동시적인 처리가 요구되는 과제에서 강점을 보임<br>• 시공간적 처리능력이 요구되는 과제와 직소 퍼즐에서 강점을 보임 |

**04** AAIDD에서 제시한 다음의 증후군 명칭을 쓰시오.

> 7번 염색체 장완의 미세 결실이 원인이다. 이 증후군은 위로 솟은 작은 코끝, 긴 인중, 큰 입, 두툼한 입술, 작은 볼, 부은 듯한 눈두덩이, 손톱의 형성부전, 엄지발가락의 외반증 등의 외양적 특성을 보인다.

**05** 다음 ⓐ~ⓒ에 대사장애 유형을 각각 쓰고, 공통적인 중재방법을 쓰시오.

| | |
|---|---|
| ⓐ | 필수아미노산인 페닐알라닌 대사에 필요한 효소가 없거나 부족해서 생기는 질환으로, 대사되지 못한 페닐알라닌은 신체 내에 쌓이게 되고, 치료하지 않으면 심한 지적장애, 발작, 과다행동, 공격적인 행동 등 여러 가지 신경학적 증상이 나타남 |
| ⓑ | 갈락토스를 포도당으로 전환하는 능력이 손상되어 체내에 갈락토스가 축적됨 |
| ⓒ | 필수아미노산인 류신, 이소류신, 발린의 대사장애로 나타나는 질환으로 땀과 소변, 귀지 등에서 특유의 단내가 나는 것이 특징임 |

**06** 지적장애 예방을 위한 1차, 2차, 3차 예방 지원의 목적을 각각 쓰시오.

# 03 지적장애의 특성

학습목표 지적장애의 인지·동기·학습 특성을 종합적으로 이해하고, 일반적인 학습 단계의 순서와 주요 특징을 체계적으로 설명할 수 있다.

## 01 인지발달 특성

┌ 발달론
└ 차이론

① 발달론: 지적장애 학생은 비록 발달속도는 느리지만 정상과 같은 순서로, 같은 단계를 거쳐서 발달한다고 봄 → _____에 맞는 과제 권장
② 차이론: 지적장애의 인지발달은 일반아동과는 질적으로 차이가 있다고 봄
→ 결함을 없애거나 감소시키는 데 중점을 둠

## 02 동기 특성

┌ 학습된 무기력
├ 외부지향성
└ 외적 통제소

| | |
|---|---|
| | • 아무리 노력해도 성공할 수 없다는 믿음<br>• 잦은 실패 경험<br>• 중재: _____ |
| | • 독립적으로 문제를 해결하는 대신 외부 단서에 의존<br>• _____에 어려움을 초래함<br>*자신의 환경에서 어떻게 반응할 것인가를 스스로 결정하고 행동하는 능력 |
| | • 행동의 결과를 운명, 요행, 다른 사람의 도움과 같은 외적인 요인으로 돌림<br>• 자신의 성공과 실패에 대한 책임을 받아들이지 못하고 자립심을 가지기 어려우며, 자기결정 및 _____ 등의 자기조정적 행동을 발달시키기 어려움<br>*목표를 세우고, 목표 도달 방법을 스스로 찾고 이를 점검·수정하는 능력 |

## 03 학습 특성

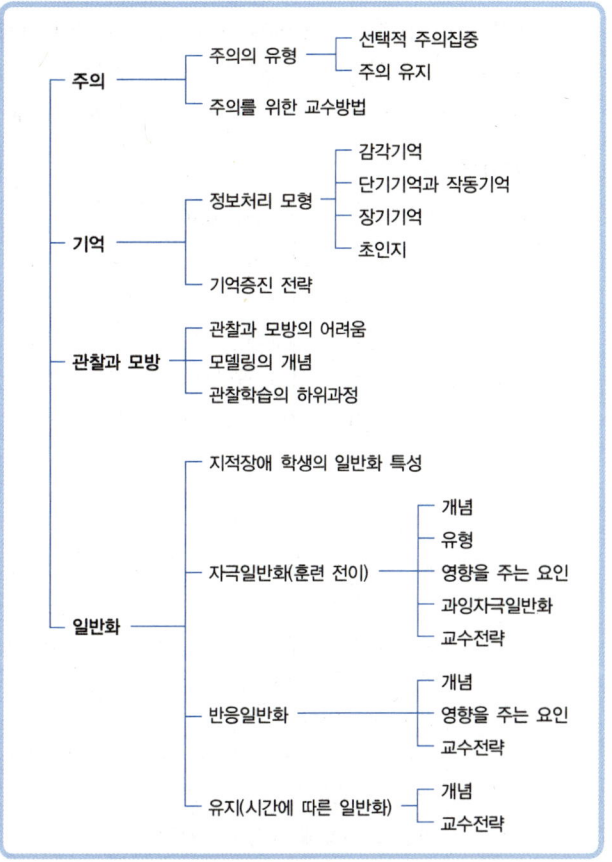

## 1. 주의

① _____ : 과제에 필요한 자극에는 주의를 기울이고, 관련 없는 자극은 무시하는 것
→ 관련 자극 규명하기, 무관련 자극 제거하기 등
② _____ : 시간의 흐름에 따라 일정 시간 동안 환경에서 방해하는 자극을 억제하면서 주의를 지속하는 것
→ 타이머 사용, 과제 수행 시간의 점진적 증대 등

## 2. 기억

### ① 정보처리 모형

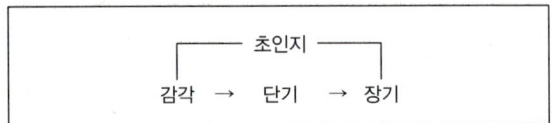

### ② 초인지 : 주어진 일이나 문제를 해결하고 수행하기 위해 어떤 전략을 사용해야 할지, 어떤 전략이 가장 효율적인지를 평가하고 노력의 결과를 점검하는 능력
→ 초인지의 결함은 _____의 어려움 초래

### ③ 기억증진 전략

| 전략 | 교수방법 |
|---|---|
|  | 정보에 대한 이미지를 마음속으로 이미지화해 기억하는 전략 |
|  | 기억해야 할 정보에 무엇인가를 덧붙이거나 다른 정보와 서로 관련시켜 기억하는 전략 |
|  | 주어진 자료를 의미 있는 단위로 만들어서 기억하는 전략 |
|  | 주어진 정보를 공통된 속성에 따라 분류해 기억하는 전략<br>🔔 군화는 의미 없이 분류하지만, 군집화는 의미 범주에 따라 분류함 |
|  | 나중에 회상해낼 것을 생각하고 미리 기억해야 할 대상과 정보를 눈으로 여러 번 보거나 말로 되풀이하는 전략 |
|  | 정보의 부호화를 통한 표상으로, 두문자 전략과 어구 만들기 전략을 포함함 |
|  | 리듬을 이용해 표상하는 전략 |
|  | 청각적으로 유사한 친숙한 단어와 그림을 이용하는 전략 |
|  | 숫자와 운율을 이용해 순서가 있는 정보를 기억하는 전략 |
|  | 두 개의 자극을 함께 제시하고 그다음에는 자극을 하나만 제시하며, 마지막으로 두 자극 사이의 관계를 말해 회상을 돕는 전략<br>🖉 교사는 '사과', '소년' 두 개의 어휘를 단어카드로 제시하고, "소년이 사과를 먹고 있다."라고 말하며, 두 개의 어휘를 하나의 문장으로 만듦. 이후 학생들에게 "소년이 먹고 있는 것은 무엇이지?"라고 물으면서 '사과' 단어카드를 보이면, 학생들이 "소년이 사과를 먹고 있다."라는 문장을 상기하면서 '사과'라는 어휘를 말함 |

## 3. 관찰과 모방

### ① 지적장애 학생은 관찰과 모방을 통해 학습하는 능력이 부족하고, 관찰을 하더라도 모방에 실패함

### ② 관찰과 모방을 위해 지적장애 학생의 동기적 특성인 _____을 이용할 수 있음

### ③ 관찰학습의 하위과정 : _____

## 4. 일반화

지적장애 학생은 일반화와 학습 전이에 어려움
→ 배운 것을 다른 것에 지나치게 적용하는 _____의 문제를 나타내거나, 배운 것을 다른 곳에는 적용하지 못하는 _____을 보임

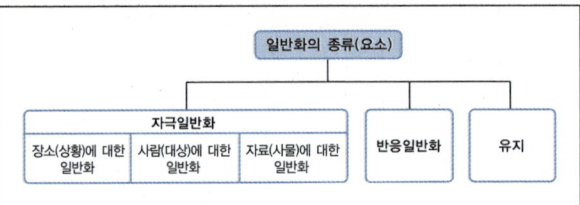

### ① 자극일반화(훈련 전이)

| | |
|---|---|
| 정의 | 특정 자극에 대한 반응이 일관성 있게 강화되면, 유사한 다른 자극에서도 같은 반응이 나타나는 것 |
| 유형 | • 장소(환경, 상황)에 대한 일반화<br>• 사람에 대한 일반화<br>• 자료에 대한 일반화 |
| 영향 요인 | • 물리적 유사성<br>• 동일한 개념이나 범주<br>• 동일한 결과를 가져오는 기능 |
| 오류 | _____ : 자극의 일부분만 보고 바람직한 행동을 부적절한 상황에서 하게 되는 경우 → 학습한 행동을 실행해도 되는 적절한 상황과 적절하지 않은 상황을 변별하는 것을 가르쳐야 함(변별훈련) |
| 교수전략 | • _____<br>• _____<br>• _____<br>• _____<br>• _____ |

② 반응일반화(행동의 부수적 변화)

| 정의 | 특정 상황이나 자극에서 어떤 반응이 강화된 결과, 동일한 상황이나 자극에서 이와 다른 반응이 일어나는 것 |
|---|---|
| 영향 요인 | • 반응의 유사성<br>• 동일한 반응의 범주<br>• 동일한 결과를 가져오는 반응 |
| 교수전략 | •_____<br>•_____ |

③ 유지(시간에 따른 일반화)

| 정의 | 같은 상황이나 조건이 주어지지 않아도, 변화된 행동이 오랜 시간에 걸쳐 지속되는 것 |
|---|---|
| 교수전략 | •_____<br>•_____<br>•_____<br>•_____<br>•_____<br>•_____<br>•_____ |

**04** 학습 단계

┌ 습득
├ 숙달
├ 일반화
└ 유지

| | • 목표 : _____<br>• 교수의 특성<br> − 교사 주도의 직접교수를 빈번하게 실시<br> − 오류에 대한 즉각적 피드백 제공<br> − 무오류 학습 : 학습자의 오류를 최소화할 수 있도록 고안된 교수절차<br> 예 _____ |
|---|---|
| | • 목표 : _____<br>• 교수의 특성<br> − 시간이 정해진 연습기회 제공<br> − 완성된 과제와 속도에 대해 피드백 제공<br> − 강화를 줄여가며 점차 자연적 강화로 옮겨가기 |
| | 목표 : 언제 어디서나 필요할 때 기술을 사용 |
| | 목표 : 시간이 지난 후에도 높은 수준의 수행을 유지 |

# ✎ 형성평가

정답 및 해설은 동영상강의(유료)로 제공 ●

**01** 외부지향성과 외적 통제소를 각각 정의하고, 외부지향성과 외적 통제소를 가진 지적장애 아동이 공통적으로 보일 수 있는 어려움을 1가지 쓰시오.

**02** 학습된 무기력의 개념을 서술하고, 이를 보이는 학생을 위한 중재방안 1가지를 서술하시오.

**03** 자기지시와 자기결정의 정의를 각각 쓰시오.

**04** '선택적 주의집중'의 개념을 쓰고, 이를 위한 중재방안을 2가지 서술하시오. (단, 서로 다른 초점의 중재방안을 포함할 것)

**05** 주의 유지를 위한 교수방법을 1가지 쓰시오.

**06** 다음 기억증진 전략들의 교수방법을 간략히 설명하시오.

> (ㄱ) 심상화
> (ㄴ) 범주화
> (ㄷ) 시연
> (ㄹ) 핵심어법
> (ㅁ) 말뚝어법

**07** 다음은 지적장애 학생에게 매개단어법(쌍연합학습전략)을 적용하는 장면이다. ⓐ와 ⓑ에 들어갈 교사의 말을 쓰시오.

> 목표어휘 : '사과'
> ('사과'와 '소년' 두 개의 어휘를 단어카드로 제시하며)
> 교사 : (                    ⓐ                    )
> ('사과' 단어카드를 제시하며)
> 교사 : (                    ⓑ                    )

**08** 다음 빈칸에 들어갈 용어를 쓰고, ㉠의 결함이 초래할 수 있는 어려움을 1가지 쓰시오.

> ( ㉠ )은/는 주어진 일이나 문제를 해결하고 수행하기 위해 어떠한 전략을 사용해야 할지 계획하고, 어떤 전략이 가장 효율적인지를 평가하며 노력의 결과를 스스로 점검하는 능력이다.

**09** 관찰학습 과정을 순서대로 쓰시오.

**10** '자극일반화'와 '반응일반화'의 개념을 서술하고, 각각의 지도방법을 2가지 이상 제시하시오.

**11** 반응일반화에 영향을 주는 요인을 3가지 쓰시오.

**12** 자극의 일부분만 보고 바람직한 행동을 부적절한 상황에서 하게 되는 경우를 뜻하는 용어가 무엇인지 쓰고, 이 경우 교사의 지도방안을 1가지 쓰시오.

**13** (ㄱ)~(ㄷ)에서 설명하는 자극일반화의 유형을 각각 쓰시오.

> (ㄱ) 한 종류의 휴대폰 사용법을 배운 후 다른 종류의 휴대폰도 사용할 수 있게 됨
> (ㄴ) 학교에서 LG청소기 사용법을 습득한 경우 자신의 집에서도 LG청소기를 사용할 수 있게 됨
> (ㄷ) 선생님에게 인사하기를 배운 후 이웃 어른에게도 인사하게 됨

**14** 다음 전략의 공통적인 목표를 쓰고, 각 교수전략의 유형을 쓰시오.

> (ㄱ) 표적행동을 했을 때 어떨 때는 강화를 제공하고 어떨 때는 강화를 주지 않음
> (ㄴ) 표적행동을 습득한 후에도 계속해서 연습을 시킴
> (ㄷ) 습득된 표적행동을 하루 일과 속에서 분산시켜 여러 차례 연습시킴
> (ㄹ) 다른 사람의 강화나 도움이 없더라도 스스로 자신의 행동을 점검하고, 평가하며 결과에 따라 강화하는 방법을 지도함

**15** 학습단계 중 습득 단계와 숙달 단계의 목표를 각각 서술하시오.

**16** 무오류 학습의 목적을 쓰고, 구체적인 교수전략을 2가지 이상 쓰시오.

# 지적장애를 위한 교육과정의 기본 이해

학습목표 지적장애 학생의 교육과정 구성에 대한 다양한 접근방법과 이를 구성 및 운영하기 위한 다섯 가지 기본전제를 설명할 수 있다.

## 01 교육과정 구성을 위한 접근

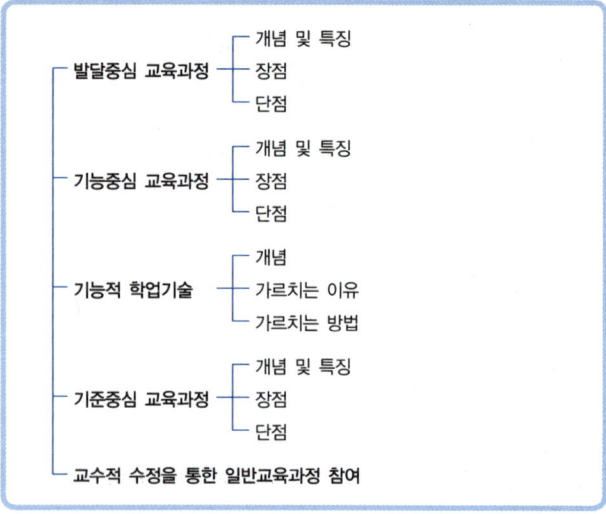

발달중심 교육과정 ─ 개념 및 특징 / 장점 / 단점
기능중심 교육과정 ─ 개념 및 특징 / 장점 / 단점
기능적 학업기술 ─ 개념 / 가르치는 이유 / 가르치는 방법
기준중심 교육과정 ─ 개념 및 특징 / 장점 / 단점
교수적 수정을 통한 일반교육과정 참여

### 1. 발달중심 교육과정

① 교육내용 선정의 원리 : _____에 적합한 과제

② 교육내용 조직의 원리 : _____

③ 일반학생들이 흔히 밟게 되는 발달의 순서를 기준으로 하여 하위 기술에서 상위 기술을 차근차근 가르치는 방법으로, 학습에 있어서 위계나 준비도의 개념을 강조하는 상향식 접근
→ 발달적 기술의 예 : _____

④ 장점 : 체계적 교수 가능, 기초적 기능의 학습

⑤ 단점
㉠ _____ : 발달단계 혹은 정신연령을 강조함으로써 장애학생의 실제 생활연령과 차이가 많이 나는 교수내용을 선정하는 근거로 사용됨
㉡ 현재와 미래 생활에 필요한 기술과 능력을 개발・적용할 기회를 잃게 하며, 사회 통합에 어려움 초래

㉢ 무능력한 부정적인 이미지와 낮은 기대감을 형성함

㉣ 목표기술을 실제로 사용하는 자연적인 환경을 참조하지 않고 분리된 기술로 교수함으로써 새로운 기술의 학습 및 일반화에 어려움

### 2. 기능중심 교육과정

① 교육내용 선정의 원리 : 현재나 미래 환경에서 가장 필요한 _____

② 교육내용 조직의 원리 : _____

③ 큰 목표부터 아래로 점차 내려오는 하향식 접근
→ 기능적 기술의 예 : _____

④ 장점 : 배운 기술 즉시 사용 가능, 생활연령에 적합, 일반화에 도움 등

⑤ 단점
㉠ 이동・안전의 문제, 비용・시간의 문제로 실행 어려움
㉡ 기능중심 교육과정에 참여하는 만큼 일반 교육 환경에 참여하기 어려움(분리의 문제)

### 3. 기능적 학업기술(functional academics)

① 기능적 교육과정의 장점과 교과 교육과정의 장점을 취합해 기능적 학업 접근이 제안됨
→ 기능적 교육과정에서 강조하는 _____에 따른 교육 요구의 반영과 _____을 중시하는 동시에 이를 교과교육의 맥락에서 학습하도록 하는 것

② 기능적 학업기술을 가르치는 이유 : 가장 필요하고 학습이 가능한 수준의 내용을 가르침, 실생활에 적용하는 교수방법을 통해 일반화 촉진

③ 기능적 학업기술을 가르치는 방법

    ㉠ **주제중심 교육과정**: 개별 학생의 특성과 요구에 적절한 목표를 중심으로, 교과를 재조직해 가르치는 방법

       예 '시간'이라는 큰 주제하에 계절, 명절, 여가, 시계 보기 등의 하위 주제와 관련된 여러 기초기술을 가르침

    ㉡ **기능적 연습활동**: 읽기, 쓰기, 셈하기 등의 학업기술을 각각 가르친 후 실생활에 적용시켜 기능적으로 연습할 수 있도록 기회를 제공하는 방법

       예 셈하기를 배운 후 물건 구입하기 연습활동에 참여

## 4. 기준중심 교육과정

① 또래들과 동일한 학년수준의 교육과정에 대한 접근성 증진을 통해 장애학생을 포함한 모든 학생에게 동등한 교육 기회를 제공하는 것을 강조함

② **장점**: 미래 진로에 필요한 학업기술을 강조함으로써 성인기 전환을 위한 역량 강화 및 중도장애 학생에 대한 기대를 향상하고, 자기결정 증진을 위한 기회와 수단을 제공함

③ **단점**: 학업성취만을 강조한다는 비판, 동기유발 한계 등

## 5. 교수적 수정을 통한 일반교육과정 참여

① **같은 활동 참여**: 어떠한 수정도 하지 않은 같은 학급 활동에 참여함

② _____ : 장애학생이 일반학생과 같은 활동에 참여하되, 다른 수준의 난이도로 배움

③ _____ : 장애학생이 일반학급의 같은 학습 활동에 참여하되, 목표 기술은 일반학생과 다름

---

**더 알아보기** **교육과정 재구성 방법**

| 구분 | 재구성 영역 | 재구성 형태 |
|---|---|---|
| 교육과정 중심 재구성 | 교육과정 간 재구성 | |
| 교과 내 교육과정 재구성 | 단원 재구성 | |
| 교과 간 교육과정 재구성 | 교과 간 통합 | |
| | 교과목 수 축소 | |
| | 교과 간 병합 | |
| | 교과서 전체 통합 | |
| 교과-비교과 교육과정 재구성 | 교과-비교과 통합 | |

---

## 02 교육과정 구성 · 운영을 위한 기본전제

| | |
|---|---|
| 연령에 적합한 교육과정 | _____에 적합한 내용으로 구성·적용<br>→ 지역사회에서도 이러한 기술이 요구되고, 일반학생과 활동하고 상호작용하기 위해서는 기능과 연령에 적합한 기술이 필요하기 때문 |
| | 성인기 사회환경에서 최대한 _____으로 활동하는 데 필요한 요소들을 포함 |
| | 학생에게 최소한의 위험스러운 결과를 가져오는 교육적 의사결정(_____) |
| | 학급에서 배운 기술들을 실제 사회에서 일반화하지 못할 수도 있다는 전제에 기반을 두고, 배운 기술들을 여러 환경에서 일반화할 수 있는지를 시험 |
| 자기결정 증진 | 개인이 어떤 방식으로 행동하게 하는 원인이 바로 자기 자신에게 있음을 의미함 |

## ✎ 형성평가

정답 및 해설은 동영상강의(유료)로 제공 ●

**01** 발달중심 교육과정과 기능중심 교육과정의 차이를 ① 교육내용 선정, ② 교육내용 조직의 원리 측면에서 각각 비교하여 서술하시오.

**02** 생태학적 접근의 단점을 2가지 쓰시오.

**03** 지적장애 학생이 기능적 학업기술을 배우는 이유를 서술하시오.

**04** 기능적 학업기술을 가르치는 방법 2가지를 제시하고, 각각 서술하시오.

**05** 덧셈 지도와 관련하여 발달적 기술과 기능적 기술의 예를 각각 1가지씩 쓰시오.

**06** 하향식 접근(top-down approach)과 상향식 접근 (bottom-top approach) 개념을 각각 서술하시오.

**07** 다음에서 설명하는 교육과정의 유형을 쓰시오.

> 또래들과 동일한 학년수준의 교육과정에 대한 접근성 증진을 통해 장애학생을 포함한 모든 학생에게 동등한 교육 기회를 제공하는 것을 강조함

**08** 궁극적 기능성의 준거와 영수준 추측의 정의를 각각 서술하시오.

**09** 지적장애 및 중도·중복장애 학생의 교육과정을 생활연령에 적합한 교육과정으로 구성해야 하는 이유를 1가지 쓰시오.

**10** 교과 내 교육과정 재구성 방법 중 (ㄱ)~(ㄷ)에 해당하는 방법을 쓰시오.

> (ㄱ) 교육과정의 내용 중에서 보다 중요하고 핵심적인 내용을 중심으로 지도하면서 다른 내용을 포함하여 지도하는 방법
> (ㄴ) 교과서의 순서대로 가르치는 것이 아니라, 교과서의 내용 및 배열 순서를 바꾸어 교수·학습하는 것으로, 소극적인 교육과정 재구성 방법
> (ㄷ) 중요하고 핵심적인 내용을 중심으로 지도하는 과정에서 일부 교육과정 내용을 생략하는 방법

**11** 교과 간 교육과정 재구성 방법 중 다음에 해당하는 유형을 쓰시오.

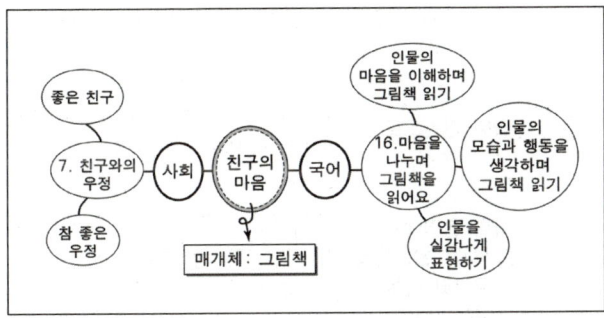

**12** 일상생활 활동의 5가지 영역과 3가지 교육과정 구성 원리를 쓰시오.

**13** 일상생활 활동을 편성·운영할 때 모듈형 교육과정의 운영방법 4가지를 쓰고, 간략히 서술하시오.

# 기능적 생활중심 교육과정

학습목표 기능적 생활중심 교육과정의 개념을 토대로 기능적 기술과 지역사회 중심교수의 정의·특징·절차·전략을 구체적으로 설명할 수 있다.

## 01 기능적 생활중심 교육과정의 개념

┌ 정의 및 특징
└ 기능적 교육과정 내용 구성

### 1. 기능적 생활중심 교육과정의 정의

① 학생의 생활, 경험, 흥미, 관심, 필요, 활동 중시

② 학생의 생활연령을 비롯한 생태학적 환경을 고려해 현재 생활에 필요한 기술들 선정
→ _____

③ 그 기술이 실제 사용될 장소에서 직접 사용하도록 지도 → _____

### 2. 기능적 생활중심 교육과정의 특징

아동의 필수 전제기술 습득 여부와 관계없이 아동의 현재와 미래 환경에서 필요한 기술들을 조사하고 직접 사용할 수 있도록 가르치는 _____접근법

## 02 기능적 기술

┌ 정의 및 특징
├ 기능적 기술의 형식과 기능
│              ┌ 개념
├ 생태학적 목록법 ┼ 특징
│              └ 단계
└ 기능적 기술의 우선순위 결정 시 고려사항

① 기능적 기술: 다양한 환경에서 아동의 삶에 의미 있고 즉시 사용 가능한 기술

② 생태학적 목록법: 학생에게 필요한 기능적 기술을 찾는 _____

⊙ 타당도가 높은 평가도구

| | |
|---|---|
| | 아동의 주변 사람들이 해당 (기능적) 기술을 얼마나 중요하고 필요하다고 생각하는지 |
| | 아동 자신의 건강이나 생존, 독립에 얼마나 필요한 기술인지 |

○ 단계

| 단계 | 예시 |
|---|---|
| 1.<br>교육과정 영역 정하기 | 주거, 지역사회, 여가생활, 교육적 또는 직업적 환경 등으로 구분하기 |
| 2.<br>각 영역에서 현재 환경과 미래 환경 확인하기 | 현재의 주거환경은 일반 아파트나 주택일 수 있지만, 미래 환경은 장애 지원을 받는 아파트·그룹홈 또는 시설일 수 있음 |
| 3.<br>하위 환경으로 나누기 | 학생의 집이라면 거실, 부엌, 침실, 테라스 등으로 구분하기 |
| 4.<br>하위 환경에서 벌어지는 활동을 결정하고 활동 목록 만들기 | 식탁 혹은 조리대 앞 의자에서 식사, 거실 TV 앞에서 식사 등으로 결정하기 |
| 5.<br>각 활동을 하기 위해 필요한 기술 정하기 | 의사소통, 근육운동, 문제해결력, 선택하기, 자기관리와 같은 요소의 기술을 익히기 |

③ 기능적 기술의 우선순위 결정 시 고려사항

㉠ 여러 자료 출처들과 영역들에 걸쳐 중요한 기술인가?

㉡ 덜 제한적이고 연령에 적합한 환경에 접근하는 기회를 제공하는 기술인가?

㉢ 다음 환경으로의 전환에 필요한 기술인가?

㉣ 안전을 위해 필요한 기술인가?

㉤ 가족들에게 가치 있게 받아들여지는 기술인가?

**03** **지역사회 중심교수**

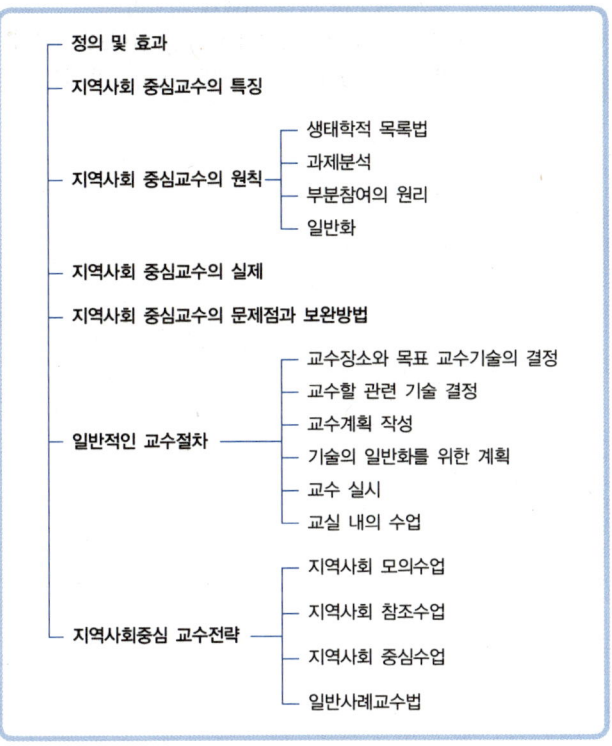

- 정의 및 효과
- 지역사회 중심교수의 특징
- 지역사회 중심교수의 원칙
  - 생태학적 목록법
  - 과제분석
  - 부분참여의 원리
  - 일반화
- 지역사회 중심교수의 실제
- 지역사회 중심교수의 문제점과 보완방법
- 일반적인 교수절차
  - 교수장소와 목표 교수기술의 결정
  - 교수할 관련 기술 결정
  - 교수계획 작성
  - 기술의 일반화를 위한 계획
  - 교수 실시
  - 교실 내의 수업
- 지역사회중심 교수전략
  - 지역사회 모의수업
  - 지역사회 참조수업
  - 지역사회 중심수업
  - 일반사례교수법

① 정의: 기능적 기술을 실제 지역사회에서 직접 교수
→ ＿＿＿＿＿＿＿＿＿＿＿을 실현하는 전략

② 지역사회 중심교수 vs 현장체험학습
  ㉠ 현장학습과 다르게 교사가 다양한 역할을 하고, 계획을 세우며, 학습기회를 제공하는 ＿＿＿＿
  ㉡ 단순한 일회성 행사가 아닌 활동의 분명한 목표와 전개과정이 전제

③ 지역사회 중심교수의 실제(기본 전제)
→ ＿＿＿＿＿＿＿＿＿＿＿＿＿＿＿＿＿＿
  ㉠ 성과중심 교수
  ㉡ ＿＿＿＿＿＿＿ 맥락 안에서 제공
  ㉢ 효과적인 교수전략 사용

④ 지역사회중심 교수전략

| | |
|---|---|
| | 지역사회의 장면과 과제를 교실 수업으로 끌어와 모의활동을 하는 교수전략<br>－ 구조화된 연습의 기회가 필요할 때 유용<br>－ ＿＿＿＿＿＿＿＿＿＿<br>－ ＿＿＿＿＿＿＿＿＿＿<br>－ ＿＿＿＿＿＿＿＿＿＿ |
| | 지역사회 모의수업에 비해 ＿＿＿＿＿을 한층 강화한 교수전략으로, 지역사회에 필요한 기술을 간접적으로 연습<br>－ 안전에 대한 부담이 적고, 간접적 연습 기회를 비교적 자연적 상황에서 가질 수 있음<br>－ 지역사회 중심교수 전 연습 |
| | 실제 지역사회에서 교수·학습활동이 이루어지는 교수전략<br>－ ＿＿＿＿＿＿＿＿＿＿<br>－ 자연적 강화 제공<br>－ ＿＿＿＿＿＿＿＿＿＿<br>－ 생활연령에 맞는 기능적 활동 |
| | •학습한 기술을 어떤 상황이나 조건에서도 그 기술의 수행이 요구될 때 수행할 수 있도록 하는 전략<br>•여러 가지 관련 자극과 반응유형을 포함한 충분한 예를 이용해 ＿＿＿＿＿ |

## 🔍 일반사례교수법의 단계

| | |
|---|---|
| | 어떤 것을 가르칠 것인지 교수 영역을 정의함. 교수 영역은 학습자가 배운 행동이 수행될 다양한 자극 상황을 포함하는 환경이어야 함 |
| | 일반화가 이루어질 수 있는 교수 영역에서 모든 관련 상황 및 조건과 일어날 수 있는 다양한 행동을 고려해야 함. 교사는 학생의 성공적 수행에 영향을 미칠 수 있는 다양한 환경적 측면과 학생이 다른 자극에 반응하는 방법을 확인해야 함 |

* 교수 사례를 선택할 때는 모든 자극 상황과 그때 요구되는 모든 반응이 포함되는 대표적인 사례이면서 최소한의 사례를 선택함
* 선정한 예는 긍정적 사례와 부정적 사례를 적절히 제공함. 왜냐하면 기술을 일반화하기 위해서는 적절한 자극 상황에서 습득한 기술을 수행하는 것뿐만 아니라 부적절한 상황에서는 기술을 수행하지 않아야 하기 때문임

> ✏️ **교수와 평가에 사용될 예 선정 시 지침**
> − 긍정적 예는 관련된 자극과 유사해야 함
> − 긍정적 예는 목표행동이 기대되는 모든 자극범위에서 수집되어야 함
> − 부정적 예는 긍정적 예와 매우 비슷한 예를 포함해야 함
> − 긍정적 예에는 중요한 예외가 포함되어야 함
> − 자극과 반응의 다양성 범위에서 조사한 최소한의 예를 선정함
> − 예에는 동일한 양의 새로운 정보가 포함되도록 함
> − 비용, 시간, 상황 특성을 고려해 실행 가능한 예를 선택해야 함

교수할 예의 순서를 정해 이에 따라 교수를 실시함

> ✏️ **교수 사례 계열화를 위한 지침**
> − 각 훈련회기 내에 행동기술의 모든 요소를 교수함
> − 각 훈련회기 내에 가능한 많은 수의 다양한 난이도의 예를 제시함
> − 변별력 증진을 위해 최대한 유사한 긍정적 예와 부정적 예를 연이어 제시함
> − 모든 예를 한 회기에 교수할 수 없다면 한 번에 한두 가지를 교수하면서 매 회기마다 이전 회기의 예에 새로운 예를 추가함
> − 일반적인 예를 먼저 제시하고 예외적인 경우를 가르침

* 비교수 상황에서 자극 및 반응 다양성을 포함하는 새로운 예를 선택해 평가함
* 교수한 기술의 일반화 여부를 알아보기 위해 새로운 상황에서 학습자의 수행을 검토하는 것

## 형성평가

정답 및 해설은 동영상강의(유료)로 제공 ●

**01** 기능적 생활중심 교육과정의 개념을 서술하시오.

**05** 현장체험학습과 지역사회 중심교수의 차이점을 쓰시오.

**02** 생태학적 목록법의 개념을 서술하고, 생태학적 목록법이 평가의 타당도가 높은 이유를 2가지 타당도를 포함하여 쓰시오.

**06** 지역사회 중심교수의 4가지 원칙을 쓰시오.

**07** 지역사회 모의수업의 장점을 2가지 이상 쓰시오.

**03** 생태학적 목록법의 단계를 순서대로 쓰시오.

**08** 지역사회 모의수업 및 지역사회 중심수업과 비교하여 지역사회 참조수업이 갖는 장점을 각각 쓰시오.

**04** 생태학적 목록법을 통해 선정한 여러 가지 기능적 기술들의 우선순위를 결정할 때 고려할 사항을 3가지 이상 쓰시오.

**09** 지역사회 중심수업의 장점을 3가지 이상 쓰시오.

**10** 일반사례교수법의 개념을 서술하고, 그 단계를 순서
대로 제시하시오.

**11** 일반사례교수법에서 교수 사례와 평가 사례를 선정할
때 고려할 지침을 쓰시오.

**12** 일반사례교수법에서 최대한 유사한 긍정적 예와 부정
적 예를 연이어 제시하는 이유를 서술하시오.

# 지기결정(self-determination)

학습목표 자기결정의 4가지 주요 특성과 자기결정행동의 구성요소를 이해하고, 자기결정 교수학습 모델(SDLMI)의 단계 및 특징을 설명할 수 있다.

## 01 자기결정의 개념

┌ 자기결정의 정의
└ 기본전제

자기결정은 자기 삶의 _____로서 행동하는 성격적 특성을 말함

→ 자기결정적인 사람들은 스스로 선택한 목표에 따라 행동하고, 자기결정적인 행동들은 한 개인이 자기 삶의 원인 주체가 될 수 있도록 기능함

## 02 자기결정 기능 이론

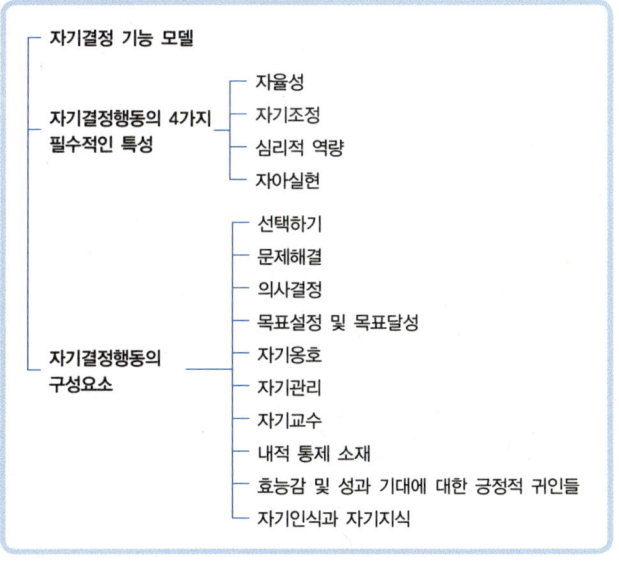

┌ 자기결정 기능 모델

├ 자기결정행동의 4가지      ┌ 자율성
│ 필수적인 특성            ├ 자기조정
│                        ├ 심리적 역량
│                        └ 자아실현

│                        ┌ 선택하기
│                        ├ 문제해결
│                        ├ 의사결정
│                        ├ 목표설정 및 목표달성
├ 자기결정행동의          ├ 자기옹호
└ 구성요소               ├ 자기관리
                        ├ 자기교수
                        ├ 내적 통제 소재
                        ├ 효능감 및 성과 기대에 대한 긍정적 귀인들
                        └ 자기인식과 자기지식

## 1. 자기결정의 주요 특성

| 자율성 | • 자율적이고 독립적으로 행동하는 사람<br>• _____<br>_____ |
|---|---|
| 자기조정 | • 스스로 계획, 점검, 수정, 평가하는 사람<br>• _____<br>_____ |
| 심리적 역량 | • 직접 행동을 시작하고 반응하며 통제하는 사람<br>• _____<br>_____ |
| 자아실현 | • 자신에 대한 지식과 자신의 강약점을 이용해 자아실현하는 사람<br>• _____ |

## 2. 자기결정행동의 구성요소

| 선 | '개인의 선호도 확인'과 '선택 행위'로 구성 |
|---|---|
| 문 | 문제해결책을 찾기 위해 가능한 정보들을 이용 |
| 의 | 문제해결＋선택하기 |
| 목 | 목표를 설정하고, 이를 위해 계획·점검·조정 |
| 옹 | 개인이나 집단의 이익을 위해 주장하고 실천하는 과정 → 구성요소 : _____ |
| 관 | 자신의 목표를 달성하고자 자신의 행동을 점검, 평가, 강화 |
| 교 | 문제해결 시 자신에게 내적 언어촉구를 제공(자신의 말로 촉진자극을 제공해 가르치는 전략) |
| 통 | 자신의 행동이 내적 힘에 의해 통제된다고 믿는 것 |
| 효 | 특정 과제를 성공적으로 수행할 수 있다고 믿는 것 |
| 인 | 자신의 강점, 요구, 능력에 대해 이해하는 것 |
| 지 | 자신의 특성을 사용하는 방법을 아는 것 |

## 03 자기결정 교수학습 모델(SDLMI)

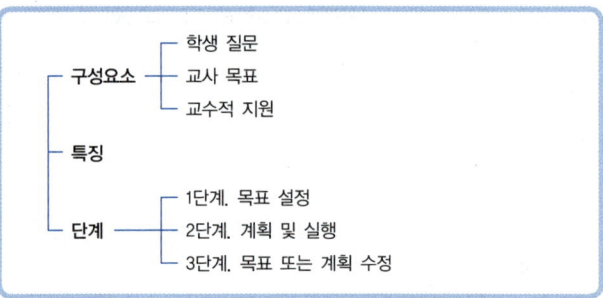

① 정의 : 학생들이 목표를 설정하고, 목표를 설정하기 위한 실행계획을 세우고, 자기점검을 통해 실행계획이나 목표를 수정하도록 돕는 것을 가르치는 모델

② 특징

| 구성요소 | 설명 |
|---|---|
| 학생 질문 | • 학생은 SDLMI의 각 단계의 질문에 답하기 위해 요구를 충족하는 목표를 설정하고, 목표에 적합한 계획을 구상하고, 계획을 완수하기 위해 행동을 수정함으로써 자신의 문제해결을 조정함<br>• 수업과정에 학생의 주도권(ownership)을 장려하기 위해 _____으로 표시함<br>• 학생 질문을 사용하도록 지도하는 것은 _____을 지도하기 위함임<br>• 각각의 학생 문제는 교사 목표와 연결됨 |
| 교사 목표 | 학생들이 학생 문제에 명시된 문제를 해결할 수 있도록 돕는 교수과정의 길잡이 역할을 함 |
| 교수적 지원 | • 모든 단계는 교사가 교사 목표를 달성하기 위해 활용할 수 있는 교육적 지원(예 선택하기, 자기계획기술 교수)을 포함함<br>• 교육 지원은 교사가 학생들에게 질문에 대답하고 자신을 가르치기 위해 필요한 기술을 지도하는 방법적 수단을 제공함 |

③ 단계

| 단계 | 학생이 해결해야 할 문제 |
|---|---|
| 목표 설정 | |
| 계획 및 실행 | |
| 목표 또는 계획 조절 | |

| 단계 | 학생 질문 | 교수적 지원 |
|---|---|---|
| 1단계 | ① 내가 배우고 싶은 것은 무엇인가? | |
| | ② 그것에 대해 지금 내가 알고 있는 것은 무엇인가? | |
| | ③ 내가 모르는 것을 배우기 위해 무엇이 변해야 하는가? | |
| | ④ 이것을 이루기 위해 내가 할 수 있는 것은 무엇인가? | |
| 2단계 | ① 모르는 것을 배우기 위해 내가 할 수 있는 것은 무엇인가? | |
| | ② 내가 계획을 실행하는 데 방해가 될 수 있는 것은 무엇인가? | |
| | ③ 이러한 장애물을 제거하기 위해 내가 할 수 있는 것은 무엇인가? | |
| | ④ 나는 언제 계획을 실행할 것인가? | |
| 3단계 | ① 내가 실행한 계획은 무엇인가? | |
| | ② 어떤 장애물이 제거되었는가? | |
| | ③ 내가 모르던 것에 어떤 변화가 있었는가? | |
| | ④ 내가 알고 싶었던 것을 알게 되었는가? | |

🔔 각 단계별 학생 질문은 ① 문제 확인 → ② 문제를 해결하기 위한 잠재적 해결방법 확인 → ③ 문제해결을 방해하는 방해물 확인 → ④ 해결방법의 결과 확인으로 구성됨

## ✎ 형성평가

정답 및 해설은 동영상강의(유료)로 제공 ●

**01** Wehmeyer가 제시한 자기결정행동의 4가지 필수적인 특성을 간략히 설명하고, 포함될 자기결정행동의 구성 요소를 각각 2가지 이상 제시하시오.

**05** 자기결정 교수학습 모델(SDLMI)에서 학생 질문을 사용하도록 지도하는 이유를 서술하시오.

**02** 자기결정의 본질적 특성을 쓰고, 자기결정행동의 구성구인을 1가지씩 쓰시오.

**03** 자기결정행동의 구성요소 중 '자기인식'과 '자기지식'의 개념을 서술하시오.

**06** 자기결정 교수학습 모델(SDLMI)의 3단계와, 각 단계에 해당하는 학생 질문을 각각 쓰시오.

**04** 밑줄 친 ⊙과 ⊙에 해당하는 자기옹호 기술의 요소를 쓰시오.

> 특수교사 : 학생 D는 자기옹호 기술이 부족해요. 무엇보다 ⊙ 자신이 좋아하고 싫어하는 것을 아는 것은 중요해요. 그러면 모둠학습을 할 때 ⊙ 다른 학생들이 부당한 것을 요구해도 거절하거나 협상할 수 있을 거예요.

# 교과지도 및 기타 교육적 접근

학습목표 삽입교수의 정의 및 장점, 단계를 설명할 수 있다.

## 01 활동중심 삽입교수

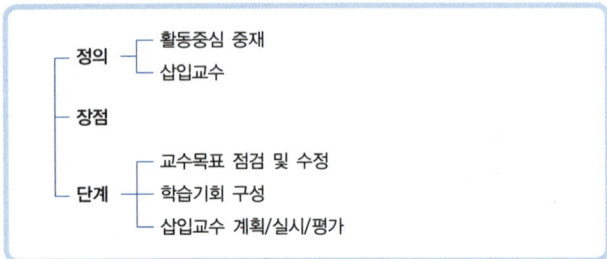

### 1. 활동중심 삽입교수의 개념

① **정의**: 일반 유아교육과정을 운영하는 중에 장애유아에 대한 교수활동을 삽입해 실시함으로써 장애유아의 일반 교육과정 접근과 개별 교수목표를 동시에 성취할 수 있게 해주는 교수적 접근

　㉠ **활동중심 중재**: 자연적으로 발생하는 규칙적인 일과를 이용한 교수

　㉡ **삽입교수**: 진행되는 일과에 개별화교육 프로그램의 교수 목표가 포함되어 적용되기 때문에 가장 덜 방해적인 방법

② **장점**

　㉠ 학생이 소속된 학급 운영과 활동 진행에 큰 변화를 요구하지 않음

　㉡ 학생을 별도로 분리해서 교육할 필요 없이 일반적인 학급 운영의 틀 내에서 교수할 수 있음

　㉢ 학급 내 자연적인 환경에서 교수가 일어나기 때문에 새로 습득한 기술의 즉각적이고도 기능적인 사용 능력을 증진시킴

　㉣ 하루 일과 및 활동 전반에 걸쳐 삽입학습 기회가 체계적으로 제공됨으로써 새롭게 학습한 기술의 사용 능력이 다양한 상황으로 일반화될 수 있음

### 2. 활동중심 삽입교수의 단계

| 단계 | 절차 | 활동 |
|---|---|---|
| 1단계 | 교수목표 점검 및 수정 | • 개별화교육계획의 교수목표 검토<br>• 일과 및 활동의 교수목표 검토 |
| 2단계 | 학습기회 구성 | • 일과 및 활동 분석을 통한 학습기회 판별<br>• 삽입교수를 위한 일과 및 활동 선정<br>• 학습기회 구성 시 주의점<br>　– 수정된 교수목표를 활동 중에 삽입해 교수하기 위한 기회를 조성할 때 교사는 ＿＿＿＿＿＿ ＿＿＿＿＿＿ 상황에서 교수할 수 있도록 학습기회를 구성해야 함<br>　– 교사는 삽입교수가 가능한 기회를 식별하고 조성하는 것 외에도, 유아가 ＿＿＿＿＿＿ 통해 교수목표를 충분히 연습할 수 있도록 다양한 기회를 조성해야 함 |
| 3단계 | 삽입교수 계획 | 삽입교수를 위한 교수전략 및 실행 계획 |
| | 삽입교수 실시 | • 활동의 진행 중 삽입교수 실행<br>• 삽입교수의 중재 충실도 점검 |
| | 삽입교수 평가 | • 학생의 진도에 대한 정기적인 점검<br>• 자료기반의 프로그램 평가 |

**더 알아보기** **삽입교수(embedded instruction)**

• 목표 기술을 자연스러운 일과활동 내에서 수행할 수 있도록 활동 속에 삽입하는 것을 말하며, 학생의 수행 정도에 따라 연습시수를 정해 일과 내에 분산하여 시도할 수 있도록 계획함

• 가르치고자 하는 기술을 능숙하게 사용할 수 있도록 반복적으로 배울 기회를 제공하는 것

# 사회적 능력 지도의 실제

학습목표 사회적 능력의 2가지 결함 유형에 대해 원인과 중재방법을 각각 설명하고, 사회적 능력의 위계모형에 대해 설명할 수 있다.

## 01 사회적 능력의 결함 유형

```
┌ 기술 결함
├ 수행력 결함
├ 자기통제 기술 결함
└ 자기통제 수행력 결함
```

|  | 획득 결함 | 수행력 결함 |
|---|---|---|
| 정서적 각성 반응의 부재 | 기술 결함 | 수행력 결함 |
| 정서적 각성 반응의 존재 | 자기통제 기술 결함 | 자기통제 수행력 결함 |

① _____ : 적응적이거나 사회적인 방법으로 행동하는 데 필수적인 사회적 능력이 없거나, 위계적 행동을 수행하는 데 있어서 중요한 단계를 알지 못함
  ㉠ 원인 : 기본 학습과정에서의 심한 결함, 기회 부재 등
  ㉡ 중재 : _____

② _____ : 주어진 행동을 수행하는 방법은 알지만, 인정할 만한 수준에서 행동을 수행하지 못함
  ㉠ 원인 : 동기유발 부족, 행동 수행기회 부재 등
  ㉡ 중재 : _____

## 02 사회적 능력의 위계모형

```
┌ 사회−의사소통 기술
├ 인지능력
└ 사회적 전략
```

① 사회−의사소통 기술 : 특정한 사회적 과제해결을 위해 사용하는 구체적이고 관찰 가능한 행동으로, 언어·인지·정서·운동 등을 포함함

② 인지능력 : 사회적 단서를 통해 상대방의 감정과 생각 등을 이해하고 적절한 판단을 내리는 것과 관련됨

③ 사회적 능력 : 위계적 차원에서 사회적 능력은 사회−의사소통 기술과 사회인지의 상위개념으로, 가장 최종의 목표임

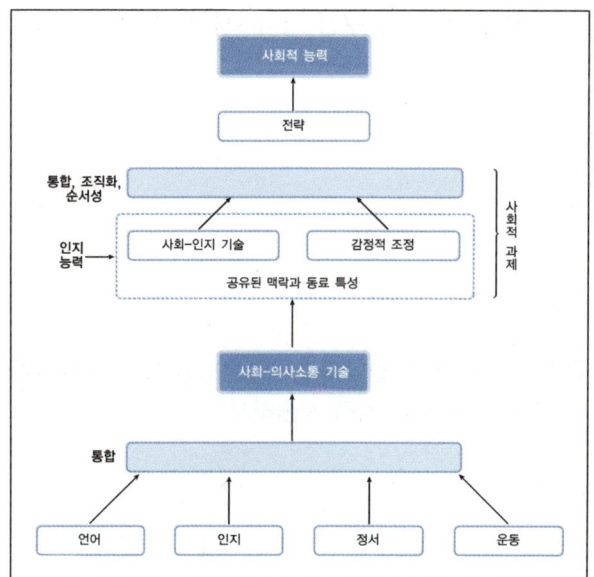

## ✎ 형성평가

정답 및 해설은 동영상강의(유료)로 제공 ●

**01** 삽입교수의 정의와 장점을 서술하시오.

**02** 삽입교수의 장점을 학생 측면과 교사 측면에서 각각 1가지씩 쓰시오.

**03** 삽입 학습기회 구성 시 주의점을 2가지 쓰시오.

**04** 사회적 기술 결함의 2가지 유형을 쓰고, 해당 결함이 나타나는 이유를 각각 서술하시오.

**05** 사회적 능력의 위계모형과 관련하여 사회적 기술, 사회인지, 사회적 능력에 대해 옳게 설명한 것을 모두 고르시오.

〈보기〉

ㄱ. 사회적 기술은 특정한 사회적 과제를 해결하기 위해 사용하는 구체적이고 관찰 가능한 행동으로서, 특히 장애학생에게는 사회적 타당성이 있는 사회적 기술을 가르칠 필요가 있다.

ㄴ. 사회적 능력은 특정 개인의 행동에 대해 상대방이 판단하는 효과성 및 수용 정도와 관련이 있으므로, 사회적 능력의 신장을 위해 장애학생에게 또래와 함께하는 풍부한 사회적 경험을 제공하는 것이 필요하다.

ㄷ. 사회인지는 사회적 단서를 통해 상대방의 생각과 감정상태 등을 이해하고 적절한 판단을 내리는 것과 관련이 있으므로, 비언어적인 사회적 단서를 이해하는 데 어려움이 있는 장애학생에게 사회인지 훈련이 필요하다.

ㄹ. 인지, 언어, 정서, 운동 능력 등이 통합적으로 작용하는 사회적 기술의 특성은 장애학생이 사회적 기술을 습득하는 데 어려움을 겪는 이유를 설명해 줄 수 있다.

ㅁ. 위계적 차원에서 사회적 기술은 사회적 능력과 사회인지의 상위 개념이므로, 장애학생을 위한 사회성 증진 프로그램의 최종 목표는 사회적 기술의 신장으로 설정하는 것이 바람직하다.

김은진
스페듀
합격노트
Vol. 2

Special Education

01 통합교육의 이해

PART

# 02

# 통합교육

# 통합교육의 이해

학습목표 통합교육의 법적 정의를 알고, 물리적·학문적·사회적 통합의 특징을 설명할 수 있다.

## 01 통합교육의 정의 및 목적

┌ 「장애인 등에 대한 특수교육법」의 정의
└ 통합교육의 목적

① **특수교육법 정의**: 통합교육이란 특수교육대상자가 _____에서 장애 유형·장애 정도에 따라 차별을 받지 아니하고 또래와 함께 개개인의 교육적 요구에 적합한 교육을 받는 것

② **목적**: 다양성, 평등성, 수월성, 조화

| | |
|---|---|
| 다양성 | 개인 간의 다양한 능력 수준은 차별과 집단화의 근거가 되는 것이 아니라 개인차와 독특한 교육적 요구로 인정되어야 함 |
| 평등성 | 교육의 평등성이란 개인이 지니고 있는 학습능력과 개인의 요구에 적합한 교육 서비스를 제공해 주는 것을 의미함 |
| 수월성 | 교육의 수월성을 보장하기 위해서는 개인의 잠재력을 최대한 개발시켜 주는 방법을 사용함 |
| 조화 | 구성원 단 한 사람도 소외되지 않고, 각자가 역할을 맡아서 수행하며, 기능을 발휘하고, 집단의 공동선을 위해 기여하며, 조화를 이루어 살아가는 집단 사회를 이룩하는 것 |

## 02 통합교육의 분류

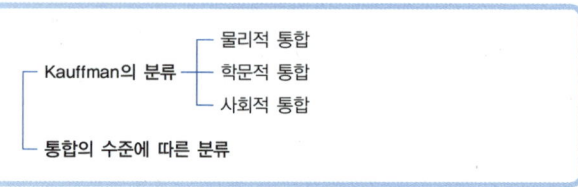

통합은 장애아동을 일반학급에 물리적으로 통합(시간적·물리적 통합)하는 것 외에 학문적(교수활동적), 사회적으로도 통합하는 것을 의미(Kauffman)

| 물리적 통합 (시간적 통합) | 일정 시간 동안 장애를 지니지 않은 또래들과 함께 동일한 교육환경에 배치하는 것 |
|---|---|
| 학문적 통합 (교수활동적 통합) | 일반 교육환경의 교수활동에 참여하는 것 |
| | 장애학생과 일반학생들에게 동일한 교육과정 구조와 장기목표를 적용하는 것 |
| 사회적 통합 | 통합되는 학급의 교사와 또래들로부터 학급의 구성원으로 수용되는 것 |
| | 특수교육대상 학생과 일반학생들 간에 사회적 접촉의 빈도와 강도를 높이는 것 |

## 03 통합교육의 장점

| 장애학생 측면 | • 일반교육과정에서의 접근을 통해 교육과정에서 배제되는 것을 방지할 수 있음<br>• 생활연령에 맞는 교육환경을 제공할 수 있음<br>• 일반학생들과의 상호작용을 촉진할 수 있음 |
|---|---|
| 일반학생 측면 | • 장애학생들과 상호작용 경험을 통해 미래의 성인생활에서 비차별적으로 살아가도록 지원함<br>• 인간에 대한 다양성을 이해할 수 있음<br>• 자존감이 높아지고 행동이 개선됨 |

# 통합교육의 역사적 배경

## 01 통합교육의 역사적 배경

- 정상화의 원리
- 탈시설수용화
- 최소제한환경
- 일반교육주도
- 완전통합

## 1. 정상화의 원리

① 정의 : 가능한 한 문화적으로 '정상적인 수단'을 사용
→ 가능한 한 일반적인 사회로 통합되어야 함

| 교육<br>목적 | 교육의 목적에 있어서의 정상화란 장애인을 교육하는 목적이 일반인의 교육 목적과 마찬가지로 좀 더 큰 사회에 적응하고 생활할 수 있게 한다는 것 |
|---|---|
| 교육<br>환경 | 교육 환경에 있어서의 정상화란 장애인도 일반인의 교육 환경과 동일하거나 최대한으로 유사한 환경에서 교육받아야 한다는 것 |
| 교육<br>방법 | 교육 방법에 있어서의 정상화란 일반인에게 사용되는 교육 방법과 동일하거나 가장 유사한 방법이 적용되어야 한다는 것 |

② Wolfensberger의 사회적 역할 가치화 이론(SRV) : 평가절하된 개인에게 사회로의 통합을 요구하며, 그에 따라 긍정적인 사회적 역할을 제공하고, 개인의 능력을 촉진하며, 사회적 이미지를 보강할 것을 요구
→ _____ : 비록 활동의 모든 측면에 참여하지 못하지만 활동의 일부에라도 참여할 수 있도록 하는 것으로, 장애학생의 _____과
_____

③ 정상화의 원리는 _____의 개념을 탄생시킨 촉매제의 역할을 수행함

## 2. 최소제한환경

장애아동을 장애가 없는 또래, 가정, 지역사회로부터 가능한 한 최소한으로 분리시켜야 한다는 개념

예 시간제 특수학급에서 충분한 특수교육적 도움을 받을 수 있는 학생을 전일제 특수학급에 배치해서는 안 됨

## 02 통합교육의 최근 동향

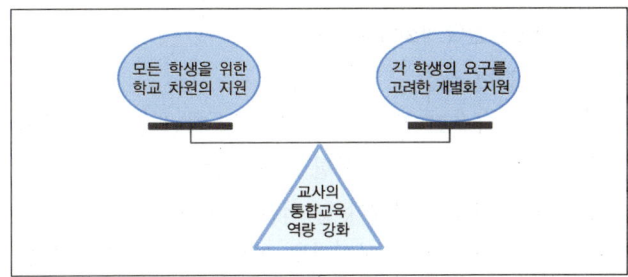

## 1. 모든 학생을 위한 학교 차원의 지원

### (1) 다층지원체계(MTSS)

① 정의 : 모든 학생의 _____ 지원을 위해 최선의 교육방법을 사전에 전체 학생에게 적용하고, 다층적 지원체계를 통해 학생의 요구에 따라 추가적 또는 집중적인 지원을 제공하는 예방적 접근으로, _____
_____이 결합해 발전한 것

② 다층지원체계에 따른 예방단계

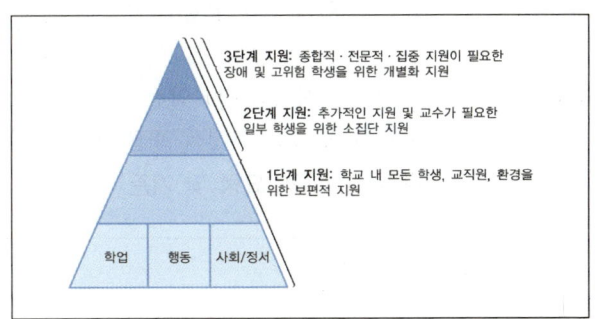

(2) **보편적 학습설계(UDL)**

① 세 가지 원리 : _____

② 목적 : 학급 내 다양한 학생들의 교육적 요구를 미리 고려해 모든 학생의 수업 참여도 및 진전도를 높이는 데 있음

## 2. 학생의 교육적 요구를 고려한 개별화 지원

(1) **행동중재계획**

_____를 통해 문제행동의 기능을 파악 → 가설 수립 → 행동중재계획 수립(_____ _____)

(2) **개별화교육**

① 법 제2조, 법 제22조 및 동법 시행규칙

② 개별화교육계획(IEP)

㉠ 정보 수집

• 표준화 검사, 기타 검사, 전 학년 담임 또는 부모의 협조를 통한 정보수집

• 이때 주의해야 할 점은 표준화 검사결과를 참조할 때 검사결과뿐 아니라 검사과정에서 발견되는 학생의 문제해결 특성에 주의를 기울여야 하며, 전체적인 결과보다는 하위영역별 점수에 초점을 두어 학생의 교육목표 설정에 참조해야 한다는 것임

㉡ 개별화교육계획 구성요소

• 인적사항

• 현재 학습 수행 수준

– 형식적·비형식적 사정, 행동특성의 기술, 체크리스트나 연속적인 기술목록 등을 통해 교육적 지원이 요구되는 우선 영역(교과, 신체적·의학적·감각운동적 기능 등)을 파악

– 파악된 학생의 현재 교육적 성취수준에 대한 진술은 학생의 강·약점 모두가 기술되어야 하며, 내용 면에서 포괄적이어야 함

– 현행 수준 작성 요령 및 기준 : _____ _____

• 장·단기 교육목표의 설정

– 장기목표(연간목표)의 설정 : 1년 동안 이루어져야 할 교육목표로, '학생중심'으로 기술해야 함(포괄적인 학습내용과 방향을 의미함)

– 단기목표의 설정 : 연간목표가 설정되면, 그 목표를 달성하기 위해 이를 '과제분석'하여 단기목표를 정함(실제적인 학습활동 내용을 의미함)

→ Mager의 목표진술 요소 : _____

• 지도방법·지도장소·지도형태 및 지도자의 결정 : 앞서 결정된 목표에 대해 어느 시간을 이용하여, 어떤 지도형태로, 누가, 어느 정도의 기간을 지도할 것인지 결정

• 특수교육, 관련 교육활동 및 서비스 전달의 조정 : 특수교육은 장애학생의 독특한 교육적 요구에 알맞게 특별히 설계된 교수로서 교실교육, 교실 밖 교육, 가정교육, 병원이나 시설에서의 교육 등을 포함함

• 교육목표의 평가계획

– 장·단기 교육목표가 설정되면, 목표의 성취 여부를 평가할 구체적인 평가계획을 마련해야 함

– 평가계획에 포함되어야 할 요소 : _____ _____

## 3. 사회정서학습(SEL)

① **정의**: 자신의 감정을 효과적으로 조절하고 인생의 목표를 설정하며, 다른 사람들과 원만한 관계를 맺고 공감하며 책임 있는 의사결정을 할 수 있는 사회·정서적 지식, 태도, 기술을 습득하고 효과적으로 적용하는 과정(CASEL, 2022)

② **핵심 역량**

|  | 스스로에 대한 자신감, 긍정적 인식, 자신의 감정, 사고·가치·행동양상 인지, 자신의 강·약점 진단 |
|---|---|
|  | 충동 조절, 스트레스 관리, 자기규율, 자기 동기화, 목표 설정, 체계화 기술 등 |
|  | 관점 수용, 공감, 다양성 존중, 타인 존중 |
|  | 의사소통, 사회적 관계, 관계 형성, 팀워크 등 |
|  | 문제 규명, 상황분석, 문제해결, 평가 및 점검, 반성, 윤리적 책임감 등 |

# ✎ 형성평가

정답 및 해설은 동영상강의(유료)로 제공 ●

**01** 「장애인 등에 대한 특수교육법」에 근거하여 '통합교육'의 정의를 서술하시오.

**02** Kauffman의 통합교육의 3가지 분류와 각각의 개념을 간략히 설명하시오.

**03** 괄호 안에 들어갈 말을 쓰시오.

> • ( ㉠ )(이)란 장애나 기타 불이익을 경험하는 모든 사람에게 가능한 한 사회의 일반적인 환경 및 생활 방식과 유사하거나 실제로 동일한 삶의 형태와 일상생활의 조건을 제공해주는 것을 의미한다.
> • ( ㉠ )에 입각하여 평가절하된 개인에게 사회로의 통합을 요구하며 그에 따라 긍정적인 사회적 역할을 제공하고, 개인적 능력을 촉진하며, 사회적 이미지를 보강할 것을 요구하는 ( ㉡ )을/를 제안하였다. 또한 ( ㉠ )은/는 ( ㉢ )의 개념을 탄생시킨 촉매적인 역할을 하였다.
> • ( ㉢ )(이)란 장애아동을 장애가 없는 또래, 가정, 지역사회로부터 가능한 한 최소한으로 분리시켜야 한다는 개념이다.

**04** 통합교육의 장점을 장애학생과 일반학생 측면에서 각각 2가지씩 서술하시오.

**05** '부분참여의 원리'의 개념과 장점을 각각 서술하시오.

**06** 다층지원체계(MTSS)의 개념을 서술하고, 단계별 지원에 대해 서술하시오.

**07** 개별화교육계획 수립을 위한 정보 수집 과정에서 표준화검사 결과를 해석할 때 유의할 점을 쓰시오.

**08** 개별화교육계획을 위한 단기목표 작성 시 Mager의 목표 진술 요소를 쓰시오.

**09** 개별화교육계획을 위한 평가계획 작성 시 평가계획에
포함되어야 할 요소를 쓰시오.

**10** 사회정서학습의 개념을 쓰고, 사회정서역량 5가지를
쓰시오.

**11** 개별화교육계획에 포함되어야 할 요소를 「장애인 등
에 대한 특수교육법」에 근거하여 쓰시오.

# Chapter 03 통합교육을 위한 협력적 접근

학습목표 3가지 협력적 팀 접근 모델의 개념을 구분하고, 5가지 협력교수의 유형별 특징과 장단점을 비교하여 설명할 수 있다.

## 01 팀 접근의 세 가지 모델(협력적 팀 접근)

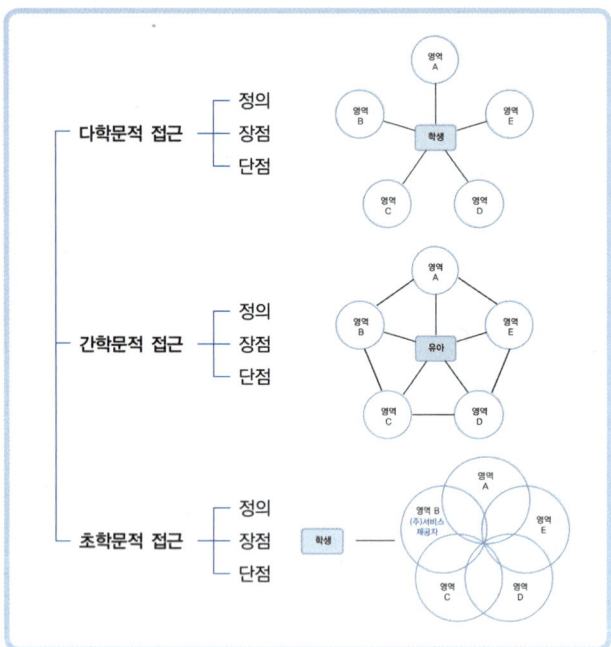

### 1. 협력적 팀 접근

|  | 다학문 | 간학문 | 초학문 |
|---|---|---|---|
| 진단 | 독립적 진단 | 독립적 진단 |  |
| 중재 계획 | 독립적 중재 계획 | 중재계획 수립 시 정보 공유 |  |
| 서비스 제공 | 독립적 중재 | 독립적 중재 |  |
| 가족 참여 | 개별적으로 전문가들을 만나 정보 제공 | 팀 구성원으로 참여할 수 있음 | 팀 구성원으로 반드시 참여 |

① 다학문적 팀 접근
  ㉠ 장점 : 의사결정 시 다양한 전문성이 반영됨
  ㉡ 단점 : 중재를 위한 통일된 접근을 촉진하기 어려움

② 간학문적 팀 접근
  ㉠ 장점 : 하나로 통일된 서비스 계획에 기여함
  ㉡ 단점 : _____

③ 초학문적 팀 접근
  ㉠ 장점 : _____
  _____
  ㉡ 단점 : 많은 시간 소모, 고도의 협력과 상호작용

### 2. 간학문 vs 초학문

① **진단 측면** : 간학문적 접근에서는 독립적 평가를 실시하지만, 초학문적 접근에서는 전문가들이 함께 모여 _____을 실시함
  ㉠ 다양한 영역의 전문가들이 동시에 학생을 진단하는 방법으로, 이를 통해 동일한 정보를 교환할 수 있음
  ㉡ 촉진자가 아동과 상호작용할 때 팀 구성원은 자기 전문 영역의 관점에서 아동의 행동을 관찰함
  ㉢ 장점 : 합리적이며, 우선적인 교수계획을 수립할 수 있고, 진단절차가 중복되는 것을 방지함

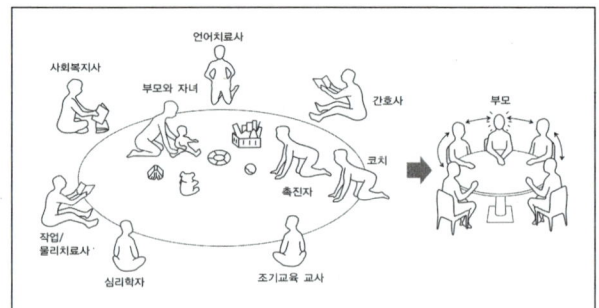

② **중재 제공 측면**: 각 전문가들이 함께 모여 자신의 영역에 대한 초기평가를 실시한 후에 주 서비스 제공자에게 자신의 전문 영역의 교수 기술을 가르침으로써 역할을 방출하는 _____를 통해 일관성 있게 중재를 제공함

**02 협력적 자문**

① **정의**: 다양한 전문성을 가진 사람들이 하나의 팀으로 협의하고 자문하고 협력하는 상호과정

② 전문가가 직접적으로 학생과 상호작용하지 않고 교사에게 전문적인 정보를 제공하고 학생을 돕는 방법이므로 _____로 간주

**03 협력교수**

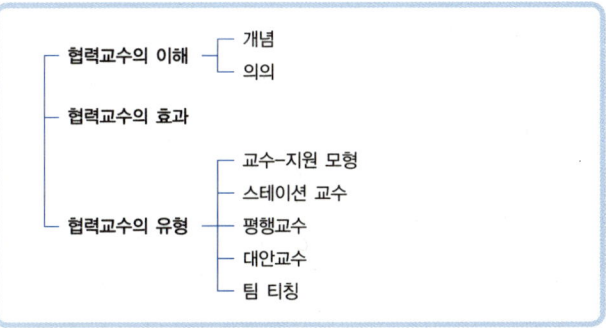

① **정의**: 특수교사와 일반교사가 수업을 계획하고 실행하는 데 함께 수행하는 것

② **협력교수의 유형**

　㉠ **교수-지원 모형**: 한 교사가 전체 학습지도를 하고, 다른 교사는 학생들 사이를 순회하며 개별 지원을 제공함

　㉡ **스테이션 교수**: 수업내용에 대한 세 개 이상의 학습 스테이션을 준비하고, 학생들은 모둠을 만들어 이동하며 학습함

　㉢ **평행교수**: 학급을 여러 수준의 학생들이 섞인 두 집단으로 나누어 같은 내용을 동시에 각 집단에게 교수

　㉣ **대안교수**: 한 교사는 대집단을 지도하고, 다른 교사는 소집단에게 심화·보충학습 등 부가적인 지원을 제공함

　㉤ **팀 티칭**: 두 교사가 모든 학생을 대상으로 동등한 책임과 역할을 가지고 지도함

③ **각 협력교수 유형별 장단점**

　㉠ **교수-지원 모형의 장단점**

| 장점 | 단점 |
| --- | --- |
| • 전체 교수를 담당하는 교사는 전체 수업에 더욱 집중할 수 있음<br>• 일대일 직접 지도가 가능함<br>• 상대적으로 적은 협력 계획 시간이 요구됨<br>• 모든 주제 활동에 적용이 가능함 | • 교수 역할이 고정되어 있는 경우, 교사의 역할에 대한 불만족이 발생함<br>• 특수교사가 개별 지원 역할만을 맡는다면 장애학생에게 낙인효과가 발생할 수 있음<br>• 학생이 지원 교사에게 지나치게 의존할 수 있음<br>• 오히려 학생의 주의를 산만하게 할 수 있음 |

　㉡ **스테이션 교수 장단점**

| 장점 | 단점 |
| --- | --- |
| • 학생들 간의 모둠활동을 통한 사회적 상호작용 기회가 증가함<br>• 교사와 학생의 비율이 낮음으로 인해 학생의 반응을 증가시킬 수 있음<br>• 소그룹으로 주의집중을 증가시킴<br>• 능동적인 학습환경을 제공함<br>• 모둠에서 독립학습 장소를 제공하는 경우 독립적 학습의 기회를 제공함<br>• 여러 형태의 실제 활동이 있는 수업에 적합함 | • 스테이션 간의 이동을 전제로 하므로 넓은 공간의 교실이 필요하고, 이동 시 교실이 시끄러워질 수 있음<br>• 각 모둠활동이 연계성이 없는 경우 효과가 적음<br>• 스테이션 교수를 실시하기 위해서는 많은 계획과 준비가 필요함<br>• 집단으로 일하는 기술과 독립적인 학습기술이 필요함<br>• 관리감독에 어려움 |

ⓒ 평행교수 장단점

| 장점 | 단점 |
|---|---|
| • 효과적인 복습이 가능함<br>• 학생의 반응을 독려할 수 있음<br>• 집단학습과 복습을 위한 교사−학생 간 비율을 감소시킬 수 있음 | • 두 교사가 활동을 설명하는 수준의 난이도와 수업 진행 속도에 일관성이 없는 경우가 있음(이에 충분한 공동계획이 필요함)<br>• 소음 문제 및 행동 문제가 발생함<br>• 모둠 간 경쟁이 될 수 있음<br>• 동일한 내용에 대해 모둠 간 동일 수준으로 성취하기 어려울 수 있음 |

ⓓ 팀 티칭 장단점

| 장점 | 단점 |
|---|---|
| • 체계적인 관찰과 자료 수집이 가능함<br>• 역할과 교수내용의 공유를 도움<br>• 학업과 사회성에 있어서 적절한 도움을 구하는 행동의 모델을 보여줄 수 있음<br>• 질문하기를 가르칠 수 있음<br>• 개념, 어휘, 규칙 등을 보다 명확하게 할 수 있음<br>• 교사의 수업운영 모델링을 통해 학생들이 협동하는 방법을 배우는 실질적 기회를 제공함<br>• 교사 간 가장 높은 수준의 협력이 요구됨 | • 학습을 풍부하게 하는 것이 아니라 교사의 업무를 분담하는 것에 그칠 수 있음<br>• 많은 계획과 준비가 필요한 수업형태이므로 교사의 업무가 가중될 수 있음<br>• 모델링과 역할놀이 기술을 필요로 함<br>• 교사 간 교수전달방법이 다른 경우 학생들의 내용 이해에 혼란이 있을 수 있음 |

ⓔ 대안교수 장단점

| 장점 | 단점 |
|---|---|
| • 심화학습의 기회를 제공함<br>• 결석한 학생에게 보충학습의 기회를 제공함<br>• 개인과 전체 학급의 속도를 맞출 수 있음<br>• 전체 수업을 담당하는 교사가 집중할 수 있도록 도움을 제공함 | • 항상 소집단 교수에서 보충수업을 받는 학생이 생긴다면 낙인효과가 발생할 수 있음<br>• 분리된 학습환경을 조성함<br>• 학생을 고립시킬 수 있음<br>• 다양한 학생들이 소집단 교수를 받을 수 있도록 계획하는 것이 필요함<br>예 관심 있는 주제에 관해 공부할 기회, 높은 수준의 조형 활동이 적용되는 경우 |

## 형성평가

**01** 다학문적 팀 접근과 간학문적 팀 접근의 공통점과 차이점을 각각 쓰시오.

**02** 간학문적 팀 접근과 비교하여 초학문적 팀 접근이 갖는 장점 2가지를 구체적으로 서술하시오.

**03** 초학문적 팀 접근에서 사용하는 진단방법의 명칭을 쓰고, 장점을 2가지 쓰시오. (단, '전문가 측면'과 '가족 측면'에서 각각 제시할 것)

**04** ㉠, ㉡에 들어갈 말을 쓰시오.

( ㉠ )(이)란 전문가가 직접적으로 학생과 상호작용을 하지 않고 교사에게 전문적인 정보를 제공하고 학생을 돕는 방법이므로 ( ㉡ ) 지원 서비스로 간주된다.

**05** 다음 빈칸에 들어갈 내용을 쓰시오.

| | 교수-지원 | 스테이션 | 평행교수 | 대안교수 | 팀 티칭 |
|---|---|---|---|---|---|
| 협력 형태 | | | | | |
| 역할 교환 | | | | | |
| 모둠 구성 | | | | | |

**06** 스테이션 교수를 실시할 때 고려할 점 1가지를 시간 측면에서 쓰시오.

**07** 평행교수와 대안교수의 장점을 학습자 입장에서 각각 1가지씩 제시하고, 차이점을 교수집단의 구성과 교수·학습활동의 내용 측면에서 각각 설명하시오.

**08** 대안교수의 단점을 1가지 쓰고, 해당 단점을 해결하기 위한 방안을 제시하시오.

**09** 팀 티칭의 장점을 2가지 서술하시오.

**10** 스테이션 교수를 적용할 때 ㉠~㉢에서 고려해야 할 점을 각각 쓰시오.

> ㉠ 각 스테이션의 활동 구성
> ㉡ 각 스테이션의 활동 시간
> ㉢ 교실 환경

**11** 다음의 상황에서 평행교수 시 고려할 점을 각각 쓰시오.

> ㉠ 활동 시 소음과 산만함이 발생한 경우
> ㉡ 김 교사가 맡은 집단과 박 교사가 맡은 집단 간 재료 탐색 시간이나 활동에 사용한 자료에 차이가 발생한 경우

# 통합학급 교수전략

학습목표 교수적합화의 개념을 정의하고, 교수환경·교수집단·교수방법·교육과정·평가방법의 수정 등 5가지 유형별 구체적인 지원방안을 설명할 수 있다.

## 01 교수적합화(교수적 수정)의 이해

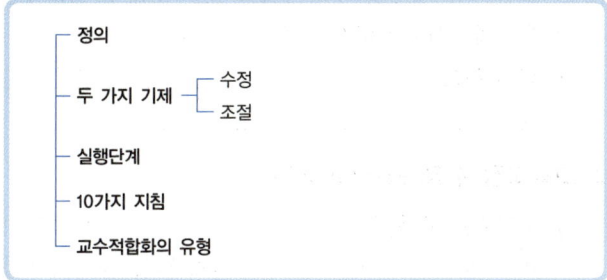

## 1. 교수적합화

① 정의 : 다양한 교육적 요구를 지닌 학생들의 수행 향상과 수업 참여의 범위와 양을 확장시키기 위해 _____을 포함한 교육의 전반적인 환경을 조절·수정하는 과정

② 두 가지 기제

　㉠ 수정(modification) : 학생이 표준 목표에 도달할 수 없을 것이라고 간주하고, 기대 수준을 변화시키는 것

　㉡ 조절(accomodation) : 학생이 표준 목표에 도달할 수 있을 것이라고 간주하고, 목표나 기준에 도달할 수 있도록 방법상의 변화를 제공

③ 실행단계

| | |
|---|---|
| | IEP 장단기 교수목표 검토 |
| | 일반학급 수업 참여를 위한 특정 일반교과 선택 |
| | 일반학급 환경에 대한 정보 수집 |
| | 일반교과 수업에서 장애학생의 학업수행과 행동 평가 |
| | 선택된 일반교과와 학습목표들을 검토한 후 목표 결정 |
| | 교수적합화의 유형 결정 |
| | 교수적합화 실행, 평가 |

## 02 교수적합화의 유형

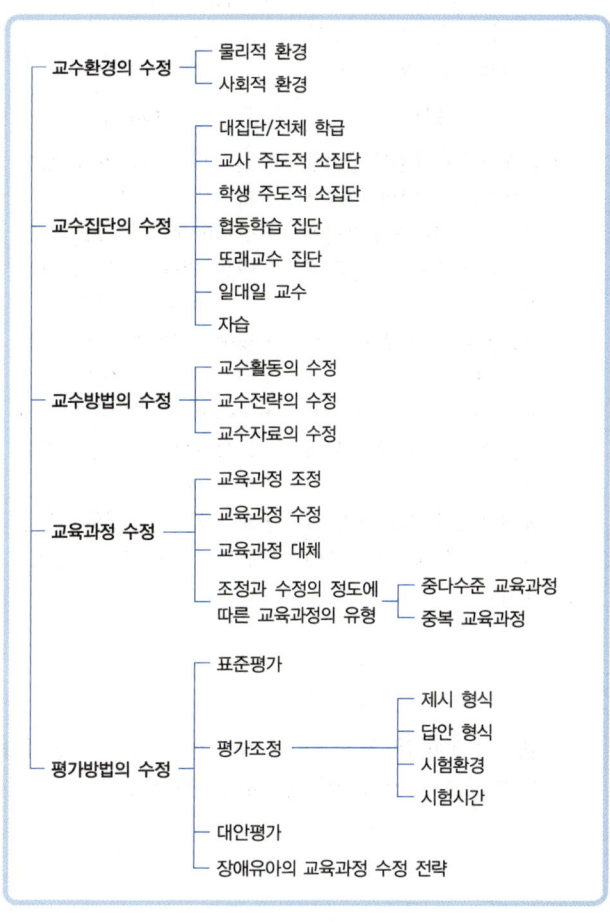

## 1. 교수환경의 수정

| 물리적 환경 | 사회적 환경 |
|---|---|
| ① 조명이나 소음상태<br>② 음악 장비·장치의 배치<br>③ 책상이나 좌석의 배열<br>④ 교수자료의 위치·접근성<br>⑤ 교수자료의 활용성<br>⑥ 시각적 및 청각적 정보 입력의 정도와 강도 | ① 협동적 분위기<br>② 상호의존성<br>③ 구성원의 수용성<br>④ 장애학생의 소속감<br>⑤ 생활 규칙 |
| 예시 | 예시 |
| • 교사와 상호작용이 용이하도록 앞줄 중앙에 배치함<br>• 학습활동 시 또래지원이 용이한 또래를 짝으로 배치함<br>• 학습활동 시 불필요한 소음을 줄여줌<br>• 모둠활동 시 또래와 상호작용이 원활한 자리에 배치함<br>• 장애학생의 접근성과 안전을 위해 교실을 1층에 배치함 | • 월 1회 장애 인식 개선 활동을 실시함<br>• 장애학생의 학급활동 참여를 위해 학급 내 역할을 부여함<br>• 장애학생에게 일부 수정된 규칙을 적용함<br>• 장애학생의 참여를 위해 모둠활동 시 협력적 과제를 부여함<br>• 교사가 모든 구성원에게 동등한 배려와 관심을 가짐 |

## 2. 교수집단의 수정

대집단/전체 학급, 교사·학생 주도적 소집단, 협동학습 집단, 또래교수 집단, 일대일 교수, 자습 등

## 3. 교수방법의 수정

교수방법의 수정이란 교수가 제시되고 전달되는 방식에서의 수정을 의미함

| 활동<br>수정 | |
|---|---|
| 전략<br>수정 | |
| 자료<br>수정 | |

## 4. 교육과정 수정(modification; Wehmeyer)

### (1) 교육과정 조정(accomodation)

① 장애학생이 통합학급의 수업 및 교수활동에 참여할 수 있도록 교수적 지원 및 기회를 제공하되, 통합학급의 교수목표 및 내용, 학생의 수행수준 및 성취기준에 대한 기대는 변경하지 않음

② 교육과정 자체를 수정하기보다는 학생의 개별적인 요구를 고려한 외적 지원에 초점

③ 외적 지원 : _____
_____

### (2) 교육과정 수정(adaptation)

① 중다수준 교육과정 : _____의 여러 수준의 교육목표 중 각자에게 맞는 교육목표를 가짐 → 방법 : _____
_____

② 중복 교육과정 : 개별화된 학습목표가 _____
_____에서 나옴 → 방법 : _____
_____

### 🔍 중다수준 vs 중복 교육과정

| 구분 | 공통점 | 차이점 |
|---|---|---|
| 중다수준<br>교육과정 | • 동일한 연령의 다양한 학습 수준을 가진 학생들이 함께 수업을 받음 | 학습목표와 학습결과들은 동일한 교과목 안에 있고, 학생들은 학습량과 난이도를 감당해야 함 |
| 중복<br>교육과정 | • 정규학급 활동 안에서 학습이 일어남<br>• 각각의 학습자들이 적절한 수준의 난이도로 개별화된 교수학습 목표를 가짐 | 같은 교실 안의 일반학생들이 교과에 목표를 둔다면, 장애학생들의 학습목표는 다른 영역(예 의사소통, 사회화 또는 자기관리 능력 등)이 될 수 있음 |

### (3) 교육과정 대체(alteration)

① 통합학급 비장애학생과 동일한 교육과정을 통해 장애학생의 개별적 요구를 충족시키기 어려운 경우 일반 교육과정 대신 기능적인 기술에 보다 초점을 둔 생활중심(기능적) 교육과정을 적용할 수 있음

② 이 수준의 교육과정 내용 수정은 _____과 장애학생의 _____에 초점을 둠

③ 대상학생의 IEP의 목표와 목적은 일반 교육과정과 직접적인 연관이 되지 않으며 일반학급의 다른 학생의 활동과는 독립적으로 다루어짐

④ 교수는 고도로 개별화되고, 대상학생은 자주 교실 안이나 교실 이외의 장소에서 학습함

## 5. 평가방법의 수정

① **표준평가**: 일반학생과 동일한 평가를 실시함

② **평가조정의 초점**: _____

_____

| 유형 | 내용 |
|---|---|
| 제시 형식 | 점자 시험지, 확대경의 사용, 큰 글씨체로 인쇄된 시험지, 지시사항을 소리 내어 구두로 읽어 주기, 지시사항을 수화로 하기, 지시사항을 해석해 주기 등 |
| 답안 (반응) 형식 | 시험지에 답 표시하기, 답 쓰기 위한 틀 사용하기, 답을 손으로 가리키도록 하기, 구두로 응답하기, 수화로 답하기, 타이핑으로 답하기, 컴퓨터 사용해 답하기, 도움받고 답 해석하기 등 |
| 시험 환경 | 칸막이 책상에서 혼자 시험 보기, 소집단으로 시험 보기, 집에서 시험 보기, 특수학급에서 시험 보기 등 |
| 시험 시간 | 추가시간 제공하기, 시험 보는 동안 휴식시간 더 많이 제공하기, 며칠에 걸쳐 시험시간 연장하기 등 |

③ **대안평가**: 평가에 참여할 수 없는 중도·중복장애 학생들을 위해 학생의 수준에 맞는 대안평가를 실시함

| | |
|---|---|
| | 능력, 노력, 성취 등 몇몇 영역에서 평가되고 점수를 얻음 |
| | 각 학생의 작업이 누가적 포트폴리오로 보존됨 |
| | 학생들이 각각 스스로 평가함 |

## 6. 장애유아의 교육과정 수정 전략(샌들 등)

| 환경적 수정 | • 환경의 물리적 요소(학급 환경, 영역, 교구)<br>• 환경의 시간적 요소(일과 및 활동 순서)<br>• 환경의 사회적 요소(성인 및 또래 도움) |
|---|---|
| 교수적 수정 | • 활동(방법, 난이도)<br>• 교재(놀잇감, 자료 등) |

## 03 차별화 교수

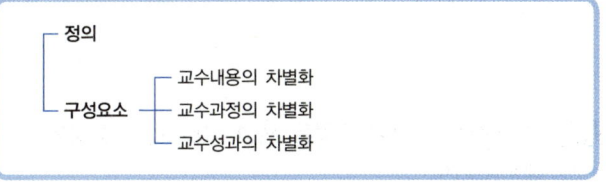

```
┌ 정의
│
│           ┌ 교수내용의 차별화
└ 구성요소 ├ 교수과정의 차별화
            └ 교수성과의 차별화
```

## 04 다수준 포함 교수법

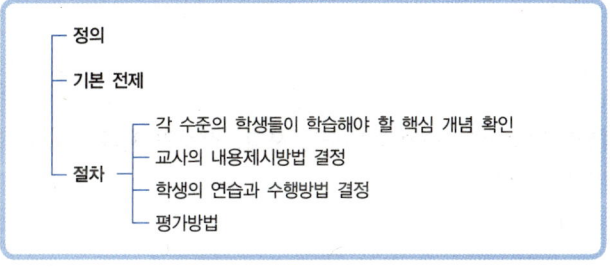

```
┌ 정의
│
├ 기본 전제
│
│       ┌ 각 수준의 학생들이 학습해야 할 핵심 개념 확인
└ 절차 ├ 교사의 내용제시방법 결정
        ├ 학생의 연습과 수행방법 결정
        └ 평가방법
```

## ✎ 형성평가

**01** 교수적합화의 목적을 쓰고, 통합교육 상황에서 '교수적합화'의 한계에 비추어 '보편적 학습설계'가 주는 시사점을 쓰시오.

**02** 교수환경 수정의 유형을 쓰고, 각각의 예를 2가지 이상 제시하시오.

**03** 교수방법 수정의 유형을 쓰고, 각각의 예를 2가지 이상 제시하시오.

**04** 교육과정 조정(accomodation)의 초점을 쓰고, 구체적인 방법을 2가지 쓰시오.

**05** 중다수준 교육과정과 중복 교육과정의 차이점을 서술하시오.

**06** 중복 교육과정과 기능적(대안) 교육과정 운영방식의 차이점을 1가지 쓰시오.

**07** 평가조정의 목적을 쓰시오.

**08** 평가조정의 유형과 각 유형별 예시를 1가지씩 제시하시오.

**09** 다음에 제시된 대안평가 방법의 명칭을 쓰시오.

> (ㄱ) 능력, 노력, 성취와 같은 몇몇 영역에서 평가되고 점
>    수를 제공하는 방법
> (ㄴ) 두 명 혹은 그 이상의 교사들이 한 학생의 점수를
>    결정하는 방법
> (ㄷ) 학생의 작업을 한 학기 또는 한 학년 동안 누가적
>    샘플로 수집하여 성취와 진보를 평가하는 방법

**10** 차별화 교수의 구성요소 3가지를 쓰시오.

**11** 차별화 교수와 보편적 학습설계의 공통점과 차이점을
비교하여 서술하시오.

**12** 다수준 포함교수의 단계를 쓰시오.

학습목표 협동학습의 기본 원리를 이해하고, STL과 CP의 유형별 협동학습 단계와 특징을 설명할 수 있다.

## 01 협동학습의 정의 및 기본 원리

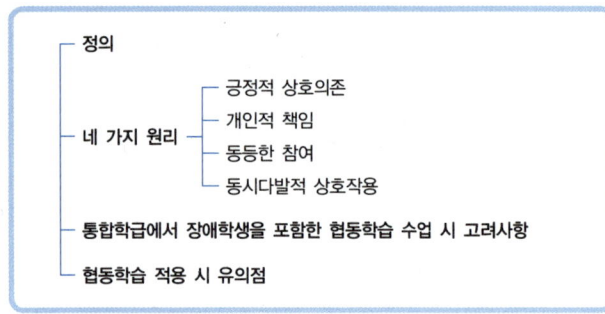

- 정의
- 네 가지 원리
  - 긍정적 상호의존
  - 개인적 책임
  - 동등한 참여
  - 동시다발적 상호작용
- 통합학급에서 장애학생을 포함한 협동학습 수업 시 고려사항
- 협동학습 적용 시 유의점

### 1. 협동학습

① 정의: 각기 다른 _____ 학생들이 동일한 학습 목표를 위해 소집단 내에서 함께 활동하는 수업방법

② 협동학습의 원리

ㄱ _____ : 학생들 개개인이 성공을 위해서는 자신뿐만 아니라 동료들도 성취해야 하기 때문에 서로 도움을 주는 관계

• 결과적 상호의존성: _____

• 수단의 상호의존성: _____

ㄴ _____ : 과제를 숙달해야 하는 책임이 각 학생들에게 있다는 것을 의미함

• _____ : 팀 구성원의 점수를 합한 것에 근거해 보상을 받는 것

• _____ : 각 학생이 자신이 맡은 과제에 대해 책임을 지는 것

③ 협동학습의 문제점

ㄱ _____ : 능력이 뛰어난 학생이 모둠활동에서 지나치게 개입해 주도하려는 현상

ㄴ _____ : 집단활동에 능동적으로 참여하지 않고, 다른 학생들이 이루어 놓은 성취를 공유하는 것

ㄷ _____ : 일부 우수한 학생 중에서 자신의 노력이 다른 학습자들에게 돌아간다고 인식해 학습에 능동적으로 참여하지 않는 것

## 02 협동학습의 유형

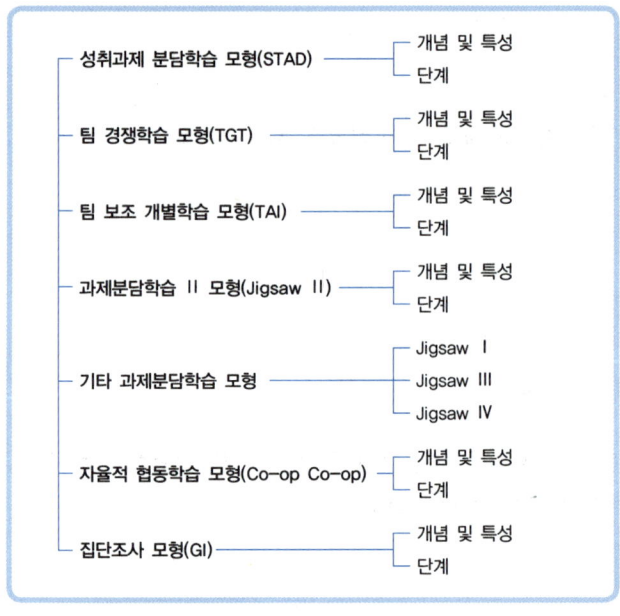

- 성취과제 분담학습 모형(STAD)
  - 개념 및 특성
  - 단계
- 팀 경쟁학습 모형(TGT)
  - 개념 및 특성
  - 단계
- 팀 보조 개별학습 모형(TAI)
  - 개념 및 특성
  - 단계
- 과제분담학습 II 모형(Jigsaw II)
  - 개념 및 특성
  - 단계
- 기타 과제분담학습 모형
  - Jigsaw I
  - Jigsaw III
  - Jigsaw IV
- 자율적 협동학습 모형(Co-op Co-op)
  - 개념 및 특성
  - 단계
- 집단조사 모형(GI)
  - 개념 및 특성
  - 단계

✎ 학생 팀 학습유형(STL) : _____

✎ 협동적 프로젝트 유형(CP) : _____

### 1. 성취과제 분담학습 모형(STAD)

① 동일한 과제를 모둠학습을 통해 학습(구성원의 역할이 분담되지 않은 공동학습구조)

② 집단보상을 통한 개별책무성 향상

③ 향상점수로 평가해 모든 학생에게 보상기회 제공

| ① 수업 안내 | • 주요 학습내용과 공부해야 할 이유를 이해하도록 함<br>• 교사는 장애학생이 상대적으로 향상될 잠재력이 크기 때문에 집단에 점수를 가장 많이 올려줄 수 있다는 점을 설명하며, 다른 사람들이 장애학생에게 도움을 받아야 한다는 점을 설명함 |
|---|---|
| ② 소집단 학습 | • _____ 4~6명의 소집단을 구성<br>• 주어진 문제나 교재를 동료들과 함께 공부함 |
| ③ 형성평가 | 소집단 활동이 끝나면 학생 개인별로 퀴즈를 통해 형성평가를 실시함 |
| ④ 개인별·팀별 점수 계산 | • _____ : 초기에 정해진 각 학생의 기본점수보다 향상된 점수를 산출<br>• 집단점수 : _____ |
| ⑤ 팀 점수 게시와 보상 제공 | 수업이 끝나면 즉시 개인점수와 집단점수를 게시하고, 우수한 개인이나 집단에게 보상을 제공함 |

## 2. 팀 경쟁학습 모형(TGT)

| ③ 토너먼트 게임 | • 팀별 학습이 끝나면 각 팀에서 이전 수행에서 가장 우수했던 3명이 테이블 1에, 다음으로 우수한 세 명이 테이블 2에 배정됨. 이후 같은 방식으로 계속 진행됨<br>• 테이블에서 학생들은 수업에서 다루었던 학습내용에 대해 게임을 함<br>• 게임은 한 벌의 숫자카드와 한 세트의 문항으로 되어 있는데, 학생들은 돌아가면서 차례로 수 카드를 뽑아 해당되는 문항에 답함<br>• 여기서 얻는 각자의 점수는 자기 팀의 점수로 합산됨 |
|---|---|

## 3. 팀 보조 개별학습 모형(TAI)

① _____과 _____의 원리가 모두 반영

② 개인별 능력에 맞는 _____를 부여

③ 저성취 및 장애학생이 상대적으로 팀에 더 많이 기여

| ① 배치검사와 집단 구성 | • 먼저 학생들의 수준을 평가하기 위한 _____를 실시함<br>• 검사 결과를 토대로 4~5명의 이질적인 팀에 배정됨 |
|---|---|
| ② 학습안내지와 문항지 배부 | • 학생들은 자신의 수준에 적합한 개인별 단원을 공부함<br>• 학습지는 안내 - 기능훈련(문제 제공, 4개 문항, 4장) - 형성평가(10개 문항, 2장) - 단원평가(15개 문항) - 정답지로 구성됨 |
| ③ 소집단 학습 | • 먼저 기능훈련지로 문제를 해결함. 4개 문항으로 구성된 각 장을 해결하고 나면 정답지를 가지고 가서 또래의 점검을 받음. 모두 맞았으면 형성평가 단계로 넘어가고, 틀렸으면 또 다른 묶음의 4문제를 풂. 이런 식으로 기능훈련 문제지 한 묶음(4문제)을 다 맞출 때까지 계속함. 만약 이 과정에서 어려움이 있으면 동료에게 도움을 청하고, 그래도 어려울 경우 교사에게 도움을 청함<br>• 형성평가에서 80% 이상 도달하면 집단에서 주는 합격증을 받고 단원평가를 치르게 됨 |
| ④ 집단 교수 | 교사는 5~15분간 각 집단에서 동일 수준의 학생을 직접 교수함 |
| ⑤ 집단점수와 집단보상 | • 집단점수는 각 집단 구성원이 해결한 평균 단원 수와 단원평가의 점수를 기록해서 계산함<br>• 결과에 따라 집단보상을 제공함 |

|  | a | b | c | d |
|---|---|---|---|---|
| 사전 | 2 | 5 | 7 | 9 |
| 사후 | 7/100 | 8/70 | 9/60 | 10/50 |
| 향상 |  |  |  |  |

## 4. 과제분담학습 II 모형(Jigsaw II)

교재(과제)를 분할해 한 부분씩 깊이 있게 공부하고 동료에게 가르쳐 주는 것으로, _____에 기초함 → 직소 II는 직소 I에 비해 _____은 낮추고 _____을 높임

| ① 수업 안내 | 해당 모형의 단계에 대해 안내함 |
|---|---|
| ② 원집단 구성 및 개인별 전문 과제 부여 | • 5~6명의 이질적인 학생들로 집단을 구성함<br>• 집단 구성원들은 전문가 집단에서 학습할 각자의 과제를 부여받음 |
| ③ 전문가 집단에서 협동학습 | 한 학급은 여러 과제분담 학습 집단으로 나누어지므로, 각 집단에서 같은 부분을 담당한 학생들이 따로 모여 전문가 집단을 형성해 분담된 내용을 토의하고 학습함 |
| ④ 원집단에서 팀원과의 협동 학습 | 전문가 집단에서 학습한 내용을 원집단에 돌아와 다른 구성원들에게 가르침 |
| ⑤ 개인별·팀별 점수 계산 | • 개인향상점수 : 초기에 정해진 기본 점수보다 향상된 점수를 산출<br>• 집단점수 : _____ |
| ⑥ 팀 점수 게시와 보상 제공 | 수업이 끝나면 즉시 개인점수와 집단점수를 게시하고 우수한 개인이나 소집단을 보상함 |

## 5. 자율적 협동학습 모형(Co-op Co-op)

학생 스스로 학습과제를 선택하고, 자신과 동료 평가에 참여하는 협동학습 유형

| ① 학습과제 선정 | 교사-학생 간 토의를 통해 학습과제를 정함 |
|---|---|
| ② 팀 구성 | 교사에 의해 이질적인 학생 팀을 구성함 |
| ③ 팀 주제 및 하위주제 선정 | 팀이 구성되면 각 팀은 주제를 선정하고 하위부분으로 나누어 구성원들이 그들의 흥미에 따라 과제를 분담한 후, 정보를 수집함 |
| ④ 팀 보고서 작성 및 발표 | 구성원들이 학습한 소주제들을 팀 구성원들에게 제시한 후 종합해 팀 보고서를 만들고, 이를 다시 전체 학급에 제시함 |
| ⑤ 세 가지 수준의 평가 | • _____<br>• _____<br>• _____ |

# 형성평가

정답 및 해설은 동영상강의(유료)로 제공 ●

**01** 협동학습의 원리 중 '개별책무성'과 '긍정적 상호의존성'의 개념을 서술하시오.

**02** 다음에 해당하는 긍정적 상호의존성의 유형을 쓰시오.

> (ㄱ) 집단의 개개인이 공동과제를 성공적으로 완수한 후 똑같이 보상을 받을 수 있을 때 생겨남
> (ㄴ) 집단의 과제를 해결해 나가면서 책임적인 역할을 부여받는 과정에서 생겨남
> (ㄷ) 분업화, 구성원 모두가 자신이 맡은 책임을 다해야 과제를 완성할 수 있을 때 생겨남

**03** 다음은 협동학습에서 발생할 수 있는 문제점과 관련된 용어이다. 각각에 대하여 간략히 설명하시오.

> (ㄱ) 부익부 빈익빈
> (ㄴ) 봉효과
> (ㄷ) 무임승객 효과

**04** 학생 팀 학습(STL)과 협동적 프로젝트(CP)를 집단 간 경쟁의 측면에서 비교하여 서술하시오.

**05** 팀 보조 개별학습이 장애학생에게 적절한 이유 2가지를 서술하시오.

**06** 다음의 절차로 실시하는 협동학습의 명칭을 쓰고, 밑줄 친 ⓐ를 구성하는 방법과, ⓑ를 산출하는 방법을 서술하시오.

> 1. 수업 안내
> 2. ⓐ 소집단 학습
> 3. 형성평가
> 4. 개인별 및 ⓑ 집단 점수 계산
> 5. 팀 점수 게시와 보상 제공

**07** Jigsaw I과 Jigsaw II의 차이점을 쓰시오.

**08** 자율적 협동학습 모형의 절차를 쓰고, 해당 모형에서 실시하는 3가지 수준의 평가방법을 쓰시오.

# 또래교수(peer tutoring)

학습목표 또래교수의 정의와 목적을 이해하고, 다양한 또래교수의 유형별 특징을 설명할 수 있다.

## 01 또래교수의 정의 및 효과

┌ 정의
└ 장점

① 정의: 또래교수자와 또래학습자가 일대일로 짝을 이루어 연습, 반복, 개념의 설명을 통해 _____ 와 _____을 촉진하는 교수전략
② 특징: 새로운 개념을 가르치는 습득 수준의 단계가 아닌 _____이 필요한 과제에 사용하는 것이 효과적임

## 02 또래교수의 적용 절차

┌ 또래교수 목표 및 대상 내용 설정
├ 구체적인 수업지도안 작성
├ 또래교수팀 조직 관련 사항 결정
├ 또래지도 관련 목표와 절차 및 규칙 사전 교육
├ 또래교수 과정 점검
└ 또래교수 효과 평가

┌ 또래교수자 선정
├ 프로그램 설계와 또래교수자 훈련
├ 지도 및 학습절차
└ 평가결과

① 흔히 또래교수란 교사가 별 역할 없이 학생들에게 스스로 지도하도록 놔두는 것이라고 생각하기 쉽지만, 성공적인 또래교수는 학생들이 각자 어떠한 역할을 어떻게 수행하고, 교사는 어느 단계에서 어떤 개입을 할 것인가 등이 세밀하고 구체적으로 계획되었을 때 가능함

② 또래교수팀 조직 관련 사항 결정(또래교수자 선정)
　㉠ 가장 흔한 형태는 상위 수준의 학생이 또래교사가 되고 장애학생이 학습자가 되는 방식이나, 학급 상황이나 교수 목적에 따라 교대로 역할을 변경할 수도 있고, 또래교사를 학습자와 친한 사람, 성이 다른 사람, 상위 학년 학생 등으로 다양하게 지정 가능함
　㉡ 일반적으로 또래교사 역할에 적당한 학생은 수업 대상내용을 어느 정도 잘 알고 있고, 또래를 도와줄 마음과 의욕이 넘치며, 필요한 방법과 기법에 관한 훈련을 기꺼이 받으려는 학생임
③ 또래교수자 및 또래학습자 훈련
　㉠ 교사 역할을 할 학생은 내용을 효과적으로 제시하고, 또래의 학습을 관찰하고, 피드백과 질문을 적절히 제시하는 방법 등에 대한 사전 지식을 갖추고, 라포 형성방법, 교수자료와 과제 제시방법, 또래학생 반응 기록방법, 단서 활용방법 등에 대한 사전교육이 필요함
　㉡ 학습자 역시 어떤 태도를 가져야 할지 등 사전교육이 필요함

## 03 또래교수 시 교사의 역할 및 고려사항

┌ 교사의 역할
└ 고려사항

① 또래교수 시 교사의 역할
　㉠ 실시 전: _____
　㉡ 실시 중: _____
　㉢ 정기적으로 또래교수를 감독하고 효율성 평가

## 04 또래교수의 분류

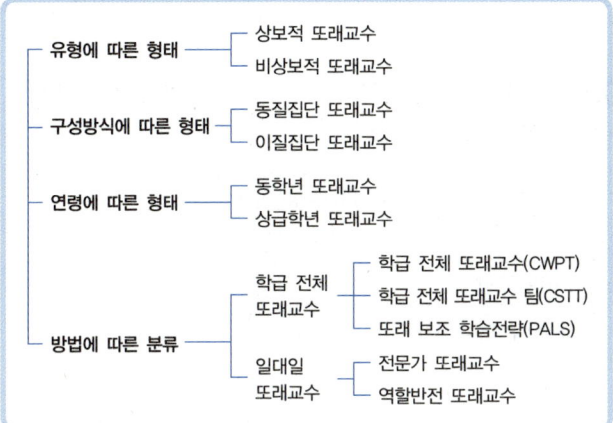

① **상보적 또래교수**: 두 명의 학생이 각각 또래교사와 또래학습자가 되어, 또래교수가 진행되는 동안 역할을 바꾸어 가며 학습지원을 주고받음
 → 장점: _____

② **비상보적 또래교수**: 두 명의 학생이 각각 또래교사와 또래학습자가 되고, 또래교수가 진행되는 동안 그 역할은 바뀌지 않음
 → 주로 상위의 학생이 또래교사가 되고, 하위의 학생이 또래학습자가 됨

③ **학급 전체 또래교수(CWPT)**
 ㉠ 학급 구성원 전체가 2~3개의 큰 형태로 나뉘어 또래교수에 참여하는 방법으로, 학급의 모든 아동이 짝과 한 팀을 이루고 또래교수자와 또래학습자의 역할을 수행함
 ㉡ 장점

| 교사 | 학생 |
| --- | --- |
| • 학생의 향상을 평가 · 관리하기에 편리함<br>• 모든 학생을 동시에 가르침<br>• 즉각적인 긍정적 · 교정적 피드백 제공<br>• 교사–학생 간 긍정적 상호작용의 증가 | • 배울 기회의 증가<br>• 적극적인 참여<br>• 즉각적인 긍정적 · 교정적 피드백<br>• 연습시간의 증가, 성공을 위한 또래지원<br>• 교사–학생 간 사회적 · 학업적 상호작용의 증가 |

④ **학급전체 또래교수 팀(CSTT)**: 4~5명으로 구성된 이질적인 집단들이 교사가 개발한 구조화된 수업에 참여하며 팀별로 경쟁하는 학습방법(또래교수와 협동학습의 원리를 혼합)

> **더 알아보기** CWPT vs CSTT
>
> ① **형태**: _____
> ② **배정**: _____
> ③ **지속시간**: _____

⑤ **또래 보조 학습전략(PALS)**: CWPT를 기본으로 해 읽기유창성과 읽기이해 능력 향상

| 파트너 읽기 | 읽기 유창성 | • 성취 수준이 높은 학생이 먼저 교과서를 소리 내어 읽음<br>• 이어서 성취 수준이 낮은 학생이 동일한 부분을 다시 소리 내어 읽음 |
| --- | --- | --- |
| | 읽기이해 | 성취 수준이 낮은 학생은 성취 수준이 높은 학생의 피드백을 받으며 읽은 내용을 순서에 따라 다시 이야기해 봄 |
| 단락 요약 | 읽기이해 | • 학생들은 한 문단씩 크게 소리 내어 읽고, 읽은 문단에서 중요한 내용이 무엇인지 정리해 10어절 이내로 정리해 말함<br>• 자신이 찾은 중심내용에 대해 또래들로부터 피드백을 제공받음 |
| 예측 릴레이 | 읽기이해 | • 다음 문단의 내용을 예측해 말함<br>• 학생들은 역할을 교대함 |

⑥ _____: 학업능력이 뛰어난 학생이 보다 낮은 수준의 학생을 교수하는 형태

⑦ _____: 학업능력이 부족한 학생이 높은 수준의 학생을 교수하는 형태

## ✎ 형성평가

**01** 또래교수의 목적을 쓰고, 또래교수에 사용하는 과제의 특징을 쓰시오.

**02** 또래교수의 적용절차를 순서대로 나열하시오.

┌─────────────────────────────────────────┐
│ ⊙ 또래교수 목표 및 대상 내용 설정                │
│ ⓛ 또래교수 과정 점검                         │
│ ⓒ 또래교수 효과 평가                         │
│ ⓔ 구체적인 수업지도안 작성                     │
│ ⑩ 또래교수팀 조직 관련 사항 결정                │
│ ⑪ 또래지도 관련 목표와 절차 및 규칙 사전 교육      │
└─────────────────────────────────────────┘

**03** 또래교수 시 교사의 역할을 또래교수 실시 전과 중으로 나누어 서술하시오.

**04** 다음에서 설명하는 또래교수의 유형을 쓰고, 두 유형의 차이점을 쓰시오.

┌─────────────────────────────────────────┐
│ (ㄱ) 4~5명으로 구성된 이질적인 집단으로 또래교수를  │
│     실시함                                  │
│ (ㄴ) 학급 구성원 모두 또래교수에 참여하는 형태로, 전 │
│     체 학급을 두 팀 이상으로 나누어 또래 짝과 함께  │
│     또래교수를 실시함                          │
└─────────────────────────────────────────┘

**05** 또래보조 학습전략의 ⓐ~ⓒ 각 단계에서 수행해야할 세부활동을 쓰시오.

| 파트너 읽기 | ⓐ 읽기유창성 활동 |
|---|---|
| | ⓑ 읽기이해 활동 |
| 단락 요약 | ⓒ 읽기이해 활동 |
| 예측 릴레이 | 읽기이해 활동 |

**06** 다음 해당하는 또래교수 유형을 각각 쓰시오.

┌─────────────────────────────────────────┐
│ ⊙ 학업 능력이 부족한 학생이 높은 수준의 학생을 교수 │
│   하는 형태                                 │
│ ⓛ 학업 능력이 뛰어난 학생이 보다 낮은 수준의 학생을 │
│   교수하는 형태                              │
└─────────────────────────────────────────┘

김은진
스페듀
합격노트
Vol. 2

Special Education

PART

# 03

# 학습장애

# 학습장애의 개념

학습목표 학습장애의 법적 정의를 바탕으로 발달적·학업적 학습장애의 하위 영역을 구분하고, 학습장애와 학습부진의 원인 및 특성을 비교하여 설명할 수 있다.

## 01 학습장애의 정의

┌ 「장애인 등에 대한 특수교육법」의 정의
└ 학습장애 정의의 주요 구성요소

### 1. 특수교육법

> 학습장애를 지닌 특수교육대상자란 개인의 _____
> 으로 인해 듣기, 말하기, 주의집중, 지각, 기억, 문제해결
> 등의 _____이나 읽기, 쓰기, 수학 등 _____
> 영역에서 현저하게 어려움이 있는 사람을 말함
>
> ✎ 선별검사 및 진단평가 영역 : _____
> _____

## 02 학습장애의 하위 유형 및 특성

┌ 발달적 학습장애와 학업적 학습장애
└ 언어성 학습장애와 비언어성 학습장애

### 1. 발달적 vs 학업적 학습장애

① 발달적 LD : 학업성취에 필요한 _____ 결함

② 학업적 LD : 학습을 할 수 있는 잠재능력을 지니고 있고 또한 적절한 교육적 기회가 제공되었음에도 불구하고 _____ 영역에서 낮은 성취

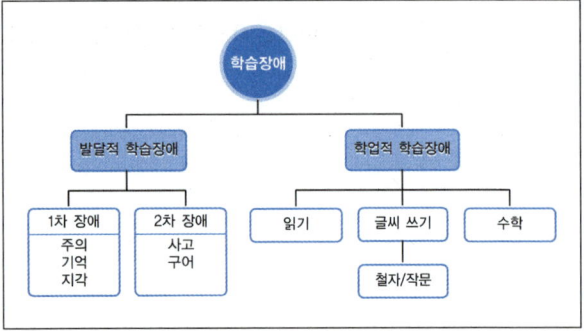

### 2. 언어성 vs 비언어성 학습장애

① 언어성 학습장애 : 뇌의 _____ 기능장애로 인해 언어능력에 심각한 문제를 갖는 상태

② 비언어성 학습장애 : 뇌의 _____ 기능장애로 언어성 학습장애와 대조적인 특징을 보임

→ 주요 결함 영역 : 운동기능장애, 시각−공간−조직화 기능장애, 사회성 기능장애, 감각기능장애

## 03 학습장애 관련 용어의 구분

┌ 학습지진
├ 학습부진
└ 학습장애

① 학습지진 : 선천적인 지적 능력의 결함으로 인해 학습능력이 떨어지는 학생

② 학습부진 : _____을 가지고 있으며, 신경계에 이상은 없으나 _____ 원인들 때문에 학업성취도가 떨어지는 학생

③ 학습장애 : _____을 가지고 있으며, 정서 및 사회환경적인 문제 등의 원인이 없음에도 불구하고 학업성취도가 떨어지는 학생으로, 대개 _____로 인해 유발되는 것으로 추정됨

## 형성평가

정답 및 해설은 동영상강의(유료)로 제공 ●

**01** 「장애인 등에 대한 특수교육법」에 따른 학습장애의 '학습기능 영역'과 '학업성취 영역'을 각각 쓰시오.

**02** 「장애인 등에 대한 특수교육법」에 근거하여 학습장애 선별 및 진단평가 영역을 모두 쓰시오.

**03** 비언어성 학습장애 학생이 결함을 보이는 4가지 주요 영역을 모두 쓰시오.

**04** 학습지진, 학습부진, 학습장애 용어의 차이점을 비교하여 설명하시오.

**05** 다음에 해당하는 읽기학습장애의 하위 유형을 쓰시오.

> ㉠ /장구/를 /가구/로 읽고 의미를 이해하는 데 어려움
> ㉡ 글을 읽고 내용을 추론하거나 파악하는 데 어려움

**06** 다음에 해당하는 쓰기학습장애의 하위 유형을 쓰시오.

> ㉠ 글을 논리적으로 통일성 있게 작성하지 못함
> ㉡ 음운변동 규칙이 적용된 단어를 쓸 때 지속적인 오류를 보임

**07** 수학학습장애의 하위 유형을 쓰시오.

# 학습장애 진단 모델

## 01 불일치 모델

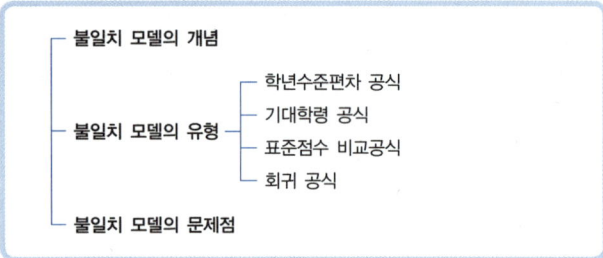

① 개념 : _____
→ 지적인 잠재능력에서 기대되는 학업성취수준과 실제 성취수준 간의 차이로 학습장애를 판별함

② 불일치 모델의 유형

| | |
|---|---|
| | • 기대되는 학년수준(_____)과 실제 학년수준(학업성취검사에 근거한 학년수준) 간 차이를 산출<br>→ _____ 차이가 날 때 현저한 불일치로 판단<br>• 단점: 지능에 대한 고려가 없어 지능이 낮은 학생을 학습장애로 과잉판별함, 학년수준을 동간처럼 사용하는 문제점 |
| | 생활연령뿐만 아니라 지능 및 재학 연수 등을 고려해 불일치를 판단 |
| | • 지능지수와 학업성취 점수를 표준점수(100, 15)로 변환해 두 점수의 차이를 산출<br>→ _____ 차이가 날 때 현저한 불일치로 판단<br>• 단점: _____(두 측정값이 완전히 상관이 아닐 때 나타나는 현상)으로 인해 지능이 높은 학생은 _____하고, 지능이 낮은 학생은 _____함 |

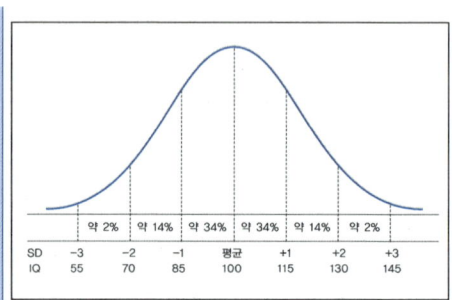

| 일치 여부 | 지능 | 학업성취 | 진단 |
|---|---|---|---|
| 일치 | 100 | 100 | |
| 불일치 | 130 | 100 | |
| 불일치 | 70 | 100 | |

신뢰구간을 설정해 불일치 여부를 결정함

③ 불일치 모델의 문제점
㉠ _____
㉡ _____
㉢ _____

## 02 중재반응 모델(RTI)

```
중재반응 모델의 이해 ┬ 개념
                    └ 이중불일치 현상
3단계 예방 모델 ┬ 개념
              └ 단계
중재반응 모델의 장점
중재반응 모델의 단점
```

① 개념 : _____에 얼마나 반응하는가 정도로 학습장애 여부를 판단하는 접근
㉠ 조기 선별, 조기 중재
㉡ 종단적인 문제해결 접근

② 이중불일치 현상 : _____과 _____

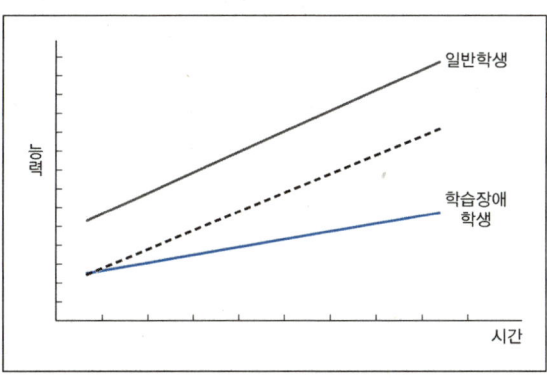

③ 3단계 예방 모델

| 1단계 | 모든 학생들이 일반교사로부터 과학적으로 검증된 _____를 받음<br>→ 반응을 보이지 않는 하위 20% 학생들은 2단계로 넘어감 |
|---|---|
| 2단계 | 교육과정에서 기대된 기준을 성취하지 못한 학생들에게 _____을 제공함<br>→ 중재 결과 성공적인 학생은 다시 1단계로, 기대 수준에 도달하지 못한 학생은 3단계로 넘어감 |
| 3단계 | 특수교육과 같은 강도 높은 _____를 제공함<br>→ 이 단계에서 성공하면 이전 단계로 돌아가고, 성공하지 못하면 _____ 판정을 위해 특수교육평가에 의뢰함 |

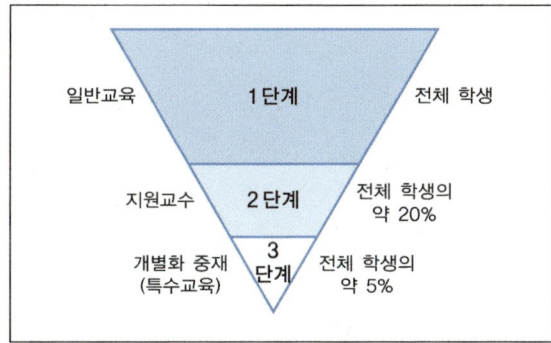

④ 중재반응 모델의 공통 요소

㉠ 중재에 대한 반응이 없거나 낮은 경우 단계적으로 선별하여 중재에 대한 강도를 높여 제공함

㉡ 중재반응 모델에서는 중재를 위해 과학적으로 검증된 효과적인 교수방법을 사용함

㉢ 제공된 중재에 대한 학생의 반응은 표준화된 교육과정중심측정에 의해 평가하고, 1단계에서 3단계로 가면서 더 자주 점검함

㉣ 점검 결과는 교사, 학생, 학부모가 공유하고 학생들의 교육적 요구를 반영하여 교육을 제공함

㉤ 3단계에서 중재를 했음에도 불구하고 반응을 보이지 않은 학생은 학습장애 적격성 여부를 위해 특수교육 평가에 의뢰함

⑤ 교육과정중심측정(CBM)을 각 단계에서 사용하는 이유 : 동형검사지로 제작되어 _____를 통해 반복적으로 사용할 수 있으며, 진전도를 파악하고 중재효과의 여부를 확인할 수 있음

＊동형검사 : 표면적인 내용은 서로 다르지만, 두 개의 검사가 이론상 동질적이며 동일하다고 추정할 수 있는 문항들로 구성된 검사. 문항의 난이도 및 변별도가 같거나 비슷하고, 문항내용도 같은 것으로 구성됨

⑥ 장점

㉠ _____

㉡ _____

⑦ 단점

㉠ _____

㉡ _____

## 03 인지처리과정 결함 접근

> ```
> ┌ 인지처리과정 결함 접근의 이해 ┬ 개념
> │                              ├ 기본 전제
> │                              └ 처리과정 변인
> └ 인지처리과정 결함 접근의 장단점
> ```

① 개념 : _____이나 해당 교과의 _____에서의 수행 정도를 바탕으로, 개인 간 또는 개인 내 차이로 학습장애를 판단하는 접근

② 역사적으로 학습장애는 기본적인 심리처리과정 혹은 인지처리과정에 결함이 있어, 이것이 전반적인 인지능력에는 영향을 미치지 않지만, 특정 교과영역의 학습에는 심각하게 영향을 미쳐 또래에 비해 매우 낮은 학업성취를 보이는 현상으로 이해되어 옴

   예 연산 인지처리지표 : 작동기억, 처리속도, 주의집중, 수감각 등

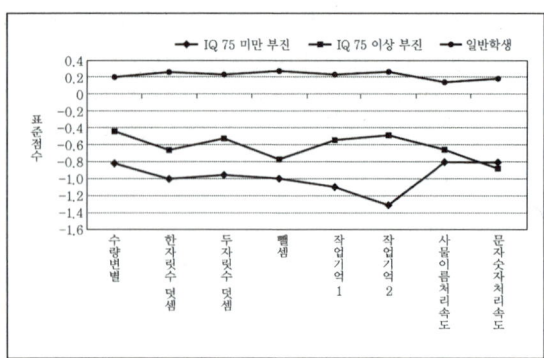

③ 장점
   ㉠ 발달연령, 학년수준 등 선행학습 정도와 상관없이 어느 연령대에서나 학습장애 여부를 선별하고 진단할 수 있음
      → 불일치 기준은 2년 이상, RTI는 6개월 이상의 중재기간이 전제됨
   ㉡ 지금 당장 자신의 필요에 맞는 수업을 받고 있어 읽기의 특정 영역은 또래와 차이가 나지 않지만, 다른 특정 영역에서는 차이가 나는 학생들을 가려낼 수 있음

## 형성평가

정답 및 해설은 동영상강의(유료)로 제공 ●

**01** 다음에 해당하는 학습장애 진단모델의 명칭을 쓰고, 두 진단모델의 단점을 각각 쓰시오.

> (ㄱ) 기대되는 학년수준(생활연령)과 실제 학년수준(학업성취검사 점수에 근거한 학년수준) 간의 차이를 산출하여 불일치를 판별한다.
> (ㄴ) 지능지수와 학업성취 점수를 표준점수로 변환하여 두 점수를 비교한다. 두 표준점수의 차이가 약 1~2 표준편차일 때 현저한 불일치를 보이는 것으로 평가한다.

**02** 불일치 모델의 단점과 비교하여 중재반응 모델의 장점을 2가지 쓰시오.

**03** 불일치 모델의 표준점수 비교 공식에서 지능이 높은 학생이 과잉판별되는 이유를 서술하시오.

**04** 중재반응 모델에서 학습장애 여부를 판단하는 기준을 쓰고, 밑줄 친 ㉠의 의미를 서술하시오.

> 기존의 학습장애 선별방법이 특정 시점에서의 또래 간 횡적인 자료 분석에 근거하고 있다면, 중재반응 모델은 ㉠ 종단적인 접근이다.

**05** 이중불일치 현상의 정의를 쓰시오.

**06** 중재반응 모델 중 1단계에서 2단계로 선별하는 기준을 쓰고, 2단계에서 이루어지는 중재의 특징을 서술하시오.

**07** 중재반응 모델 중 3단계에서 이루어지는 중재의 특징을 쓰고, 3단계에서 중재에 대한 반응에 실패한 경우 후속절차를 쓰시오.

**08** 중재반응 모델에서 교육과정중심측정(CBM)을 사용하는 이유를 서술하시오.

**09** 인지처리과정 결함 접근의 장점을 '진단 시기'와 관련하여 쓰시오.

# 학습장애 읽기 교수(1)

학습목표 읽기 교수 영역과 읽기장애의 하위 유형을 구분하고, 읽기선수기술과 단어인지의 세부 구성요소와 효과적인 교수법을 설명할 수 있다.

**01** 읽기 문제의 원인

**02** 읽기 교수의 영역

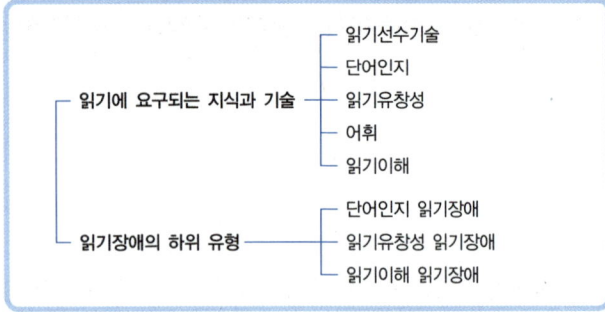

## 1. 읽기 교수 영역

| | |
|---|---|
| 읽기선수기술 | 향후 읽기능력을 위해 필요한 선수 기술 |
| 단어인지 | 개별 단어를 소리 내어 정확하게 읽고 그 의미를 파악하는 것 |
| 읽기유창성 | 글을 빠르고 정확하고 표현력 있게 읽는 것 |
| 어휘 | 개별 단어에 대한 지식뿐 아니라 문맥에서 단어의 의미를 유추하고, 단어와 단어 사이의 연관성 이해 및 문맥에 적절한 단어를 활용하는 능력 등을 포함 |
| 읽기이해 | 글과의 상호작용을 통해 글의 의미를 파악하는 능력으로, 읽기 교수의 궁극적 목적 |

## 2. 읽기장애의 하위 유형

| | |
|---|---|
| | 개별 단어를 정확하게 읽는 데 어려움 |
| | 글을 빠르고 정확하게 읽는 데 어려움 |
| | 글을 읽고 내용을 파악하는 데 어려움 |

**03** 읽기선수기술

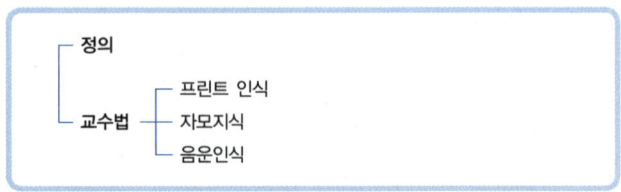

## 1. 프린트 인식(print awareness)

① 정의: 문자 언어에 대해 이해하는 능력

② 유형

㉠ _____에 대한 인식: 문어가 메시지 또는 의미를 전달한다는 것을 이해하는 능력

㉡ _____에 대한 인식: 프린트의 특성 및 구조에 대한 관례적 지식을 이해하는 능력

예 책의 앞면과 뒷면 식별하기, 그림과 프린트 구별하기, 왼쪽에서 오른쪽으로 읽는 것을 알기, 마침표의 의미 알기 등

## 2. 자모지식(alphabet knowledge)

① 정의: 자·모음자의 _____에 대한 지식, 자·모음자의 _____를 빠르고 정확하게 인출하는 능력 등

② 자모지식은 _____에 대한 높은 예측력을 지닌 변인

| 자음 | 이름 | 초성소리 | 종성소리 |
|---|---|---|---|
| ㄱ | 기역 | /그/ | /윽/ |

## 3. 음운인식(phonological awareness)

① 정의: _____

    ㉠ 같은 소리로 시작되는 단어와 다른 소리로 시작 되는 단어를 인식하는 능력

    ㉡ 단어를 구성하는 음소를 셀 수 있는 능력

    ㉢ 단어를 구성하는 소리를 합성·분절·조작하는 능력

② 음운인식 하위기술

    ㉠ 음운인식 단위: _____, 초성-각운, 음절체- 종성, _____

    ㉡ 음운인식 과제 유형: 변별, 분리, 합성, 분절, 탈 락, 대치

③ 음운인식은 이후 읽기능력(단어인지, 읽기유창성, 읽 기이해)을 예측하는 강력한 변인

    예 '사자, 두부, 버섯' 중 /두/로 시작하는 것은?

    예 '무지개'에서 /지/를 /니/로 바꾸면?

    예 '고추'에서 /고/를 빼면?

    예 /그-에/를 합쳐서 말하면?

    예 '형'에서 끝소리는?

    예 '돈'을 따로따로 나눠서 말하면?

    예 '별'에서 /을/을 /응/으로 바꾸면?

## 04 단어인지

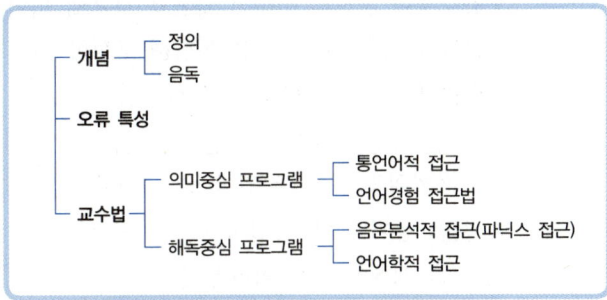

## 1. 단어인지의 개념(word recognition)

① 단어인지: 단어를 빠르게 소리 내어 읽고, 단어의 의 미를 파악하는 능력

② _____: 낱자(군)-소리의 대응관계를 활용해 낯 선 또는 모르는 단어를 읽는 과정

    ㉠ _____

    ㉡ _____

    ㉢ _____

## 2. 의미중심 프로그램

① 개념: 문자해독과 관련된 개별 기능을 가르치기보 다는 의미 형성을 위한 전체적인 학습활동으로 읽기 활동을 전개

② 유형

    ㉠ 통언어적 접근(whole language approach)

      • 의미 획득 또는 내용 이해를 위한 읽기활동 과 정에서 자연스럽게 단어인지 능력을 습득

      • 인위적인 음운분석이나 결합기능에 대한 교육×

      • 듣, 말, 읽, 쓰 관련지어 활동 전개

      • _____(sight word): 반복적인 노출을 통해 주어진 단어의 시각적 형태를 기억하도 록 하고, 단어의 시각적 형태·음·의미를 서 로 연합 → 기능적인 읽기활동

        예 간판 읽기, 전단지, 메뉴판

      • 장점: 학습활동 균형 제공, 흥미와 관심 유발

ⓒ 언어경험 접근법(language experience approach)
- 학생들의 경험을 이야기 자료로 사용해 읽기 활동과 다른 언어활동을 통합해 구성함
- 통언어적 접근법과의 차이점
  - _____
  - 쓰기활동 시 구두 받아쓰기 활동은 실시×
- 장점: 동기 유발, 통합적인 활동 등
- 단점: 체계적 학습 어려움 등
- 단계: 토-받아-읽-단-다

| | |
|---|---|
| | 교사는 학생이 최근 경험을 이야기할 수 있도록 동기 부여함 |
| | • 학생이 교사에게 자신의 이야기를 말하면 교사가 학생의 말을 기록함<br>• 이때 교사는 학생의 말을 교정하지 않고 그대로 적어 자신감을 손상시키지 않도록 격려함 |
| | 교사는 학생이 말한 대로 정확하게 기록했는지 확인하기 위해 받아 적은 글을 학생에게 읽어 주고, 이야기에 친숙해질 때까지 여러 번 읽도록 하며, 필요하면 도움을 제공함 |
| | 다양한 활동을 통해 새로 나온 단어, 어려운 단어 또는 배우고 싶은 단어를 학습함 |
| | • 다른 이야기책을 읽는 과정으로 나아감<br>• 읽기에 대한 자신감과 기술이 향상됨 |

## 3. 해독중심 프로그램

① 개념: 의미에 대한 이해보다는 주어진 낯선 단어의 기능적 인식에 초점

② 유형

ⓐ 음운분석적 접근(파닉스 접근): 음운인식과 낱자-소리 대응관계를 활용해 단어를 읽을 수 있도록 가르치는 읽기 교수법

| |
|---|
| 부분-전체 접근법으로, 단어를 구성하는 각각의 낱자를 소리로 바꾼 후 이 소리를 합쳐서 단어를 읽도록 지도 |
| (칠판에 '나'라는 단어를 쓴 다음) 선생님이 이 단어를 읽어 볼게요. (단어를 구성하고 있는 낱자 'ㄴ', 'ㅏ'의 소리를 각각 따로 발음) /ㄴ/, /ㅏ/ → (소리를 순서대로 합쳐서 발음) /나/ |
| 전체-부분 접근법으로, 각 낱자에 대응하는 소리를 따로 가르치지 않고 단어 내에서 낱자-소리의 대응관계를 파악하도록 지도 |
| 이전에 습득한 단어 중 같은 소리를 포함한 단어들(예 바위, 바지, 바다)을 제시한 후, 학생이 이 단어들이 모두 /ㅂ/이라는 소리로 시작되고 /ㅂ/이라는 소리는 'ㅂ'이라고 쓴다는 것을 파악하도록 지도 |
| 학생이 알고 있는 단어나 단어의 부분을 활용해 새로운 단어를 읽도록 지도 |
| '사용하다'를 가르칠 때 학생이 이미 알고 있는 '미용'과 '자다'를 활용해 비교함으로써 '사용하다'를 유추해 읽을 수 있도록 지도 |
| 글을 읽는 과정에서 파닉스 교수를 삽입해 단어를 읽도록 지도 |
| 글을 읽는 과정에서 파닉스 교수를 삽입해 단어를 읽도록 가르치는 단어인지 교수법. '글'이라는 맥락 안에서 글의 의미를 파악하는 데 도움을 주는 방법 중 하나로, 파닉스 교수의 요소를 포함함 |

ⓑ 언어학적 접근: 단어 자체를 문자해독의 단위로 설정해 반복적으로 제시되는 _____ 음운 부분과 _____ 음운 부분을 통해 각 음운 부분이 가지고 있는 소리를 쉽게 파악할 수 있도록 하는 것

예 수리-구리-무리-부리
'ㅅ, ㄱ, ㅁ, ㅂ' / '우리'

# ✎ 형성평가

정답 및 해설은 동영상강의(유료)로 제공 ●

**01** 제시된 용어의 개념을 각각 서술하시오.

> ㉠ 프린트인식
> ㉡ 자모지식
> ㉢ 음운인식
> ㉣ 음독
> ㉤ 단어인지

**02** 다음에 해당하는 음운인식 지도 과제를 각각 쓰시오.

> ㉠ /다리미/에서 가운뎃소리가 무엇이죠? [답: 리]
> ㉡ '나방' 그림을 보여주고 읽어주며 /ㄴ/를 /ㄱ/로 바꾸어 말해 보세요. [답: 가방]

**03** 음운인식을 지도해야 하는 필요성을 서술하시오.

**04** 일견단어 교수법의 지도방법을 쓰고, 해당 교수법의 장점을 1가지 쓰시오.

**05** 단어인지 교수를 위한 '의미중심 프로그램'과 '해독중심 프로그램'의 특징을 비교하여 서술하시오.

**06** 통언어적(총체적) 접근법과 언어경험 접근법의 차이점을 2가지 쓰시오.

**07** 언어경험 접근법의 단계를 쓰고, 각 단계에서 이루어지는 활동을 간략히 설명하시오.

**08** 언어경험 접근법의 장단점을 1가지씩 서술하시오.

**09** 다음의 설명에 해당하는 파닉스 교수법의 유형을 각각 쓰시오.

> (ㄱ) 낱자 'ㄱ'과 'ㅏ'를 읽어봅시다. /그/ /아/. 이를 합쳐서 발음해 봅시다. /그+아/ → /가/
> (ㄴ) '바위, 바다, 바지'는 /ㅂ/로 시작해요. /브/는 'ㅂ'이라고 씁니다.

**10** 언어학적 접근법의 지도방법을 서술하시오.

# 학습장애 읽기 교수(ㄹ)

읽기유창성과 어휘의 개념 및 효과적인 교수법을 설명할 수 있다.

## 05 읽기유창성

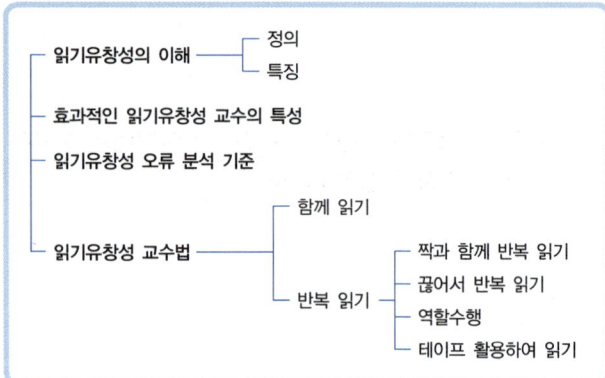

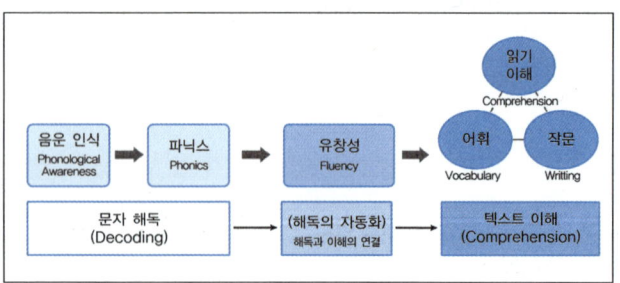

### Keyword

**읽기유창성**
- 성공적인 읽기를 위해 단어 해독과 이해를 연결하는 다리 역할
- 자동화 과정을 통해 독자가 자신의 인지적 자원을 의미 이해에 사용할 수 있도록 함

## 1. 읽기유창성 정의 및 특징

① **개념**: 글을 빠르고 정확하게, 적절한 표현력을 가지고 읽는 능력 → _____

② **특징**: 읽기유창성이 부족한 학생은 단어의 의미를 파악하는 데 인지적 자원을 많이 사용하기 때문에 상대적으로 읽기이해에 사용할 인지적 자원이 부족해 전체 글을 이해하는 데 어려움을 초래

## 2. 효과적인 읽기유창성 교수의 특징

① _____

② _____

③ _____

④ 읽기 제시문 수준: _____

## 3. 읽기유창성 오류 분석 기준

① **대치**: 의미 대치, 무의미 대치, 형식형태소 대치

② **생략**: 전체 어절 생략, 형식형태소 생략

③ **첨가**: 전체 어절 첨가, 형식형태소 첨가

④ **반복**: 전체 어절 반복, 첫음절 반복, 부분 어절 반복

⑤ **자기교정**: 오류를 보인 후 스스로 교정해 정반응

## 4. 읽기유창성 교수법

읽기유창성 교수법 = _____
→ 학생들이 대부분 인식할 수 있는 50~200개 단어가 포함된 읽기자료를 사용해 일정 수준의 유창성에 이를 때까지 반복적으로 자료를 읽도록 함

| | |
|---|---|
| | 읽기유창성이 우수한 또래 친구와 짝을 이루어 소리 내어 반복 읽기 |
| | 교사가 글을 구성하는 문장을 의미가 통하는 구나 절 단위로 끊어서 제시하는 방법 → _____ 향상에 효과적 |
| | 학생들은 또래나 다른 사람들과 함께 책 속에서 주어진 역할을 연습하고 수행함 → 또래 간의 협력적인 상호작용을 도모, 흥미로운 읽기과제 제공 |
| | 테이프(음성자료, 녹음자료 등)를 활용할 때는 _____이 나와서는 안 됨 |

## 06 어휘

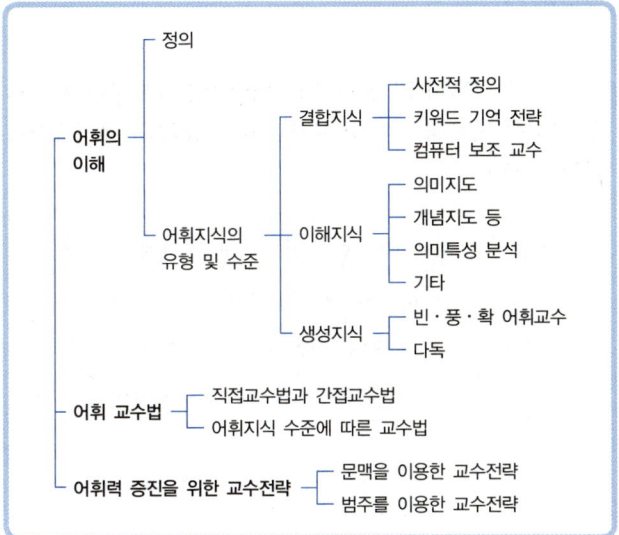

### 1. 어휘의 이해

① 개념 : 단어가 모여서 이루어진 집합

② 양적 어휘 지식 : 어휘의 양을 의미함

② 질적 어휘지식 수준

|  | 목표 어휘의 정의 연결, 단일 맥락에서 어휘 의미 이해 |
|---|---|
|  | 목표 어휘를 관련 어휘들과 연결 지어 범주화, 목표 어휘의 다양한 의미 이해 |
|  | 여러 상황에 어휘 적용, 비슷한 어휘들 간의 구분, 다양한 어휘 범주 이해 |

### 2. 어휘지식 수준에 따른 교수법

#### (1) 결합지식 수준

① 사전적 정의

　㉠ 정의 : 학생들이 목표 어휘의 사전적 의미를 찾고, 해당 어휘를 사용해 문장을 만들면 교사가 간단히 평가하는 형식

　㉡ 한계점

　　• _____

　　• _____

② 키워드 기억 전략

③ 컴퓨터 보조 교수

#### (2) 이해지식 수준

① 의미지도 : 목표 어휘를 중심으로 이와 관련된 어휘를 ____하고, 그 어휘들을 그래픽 조직자를 활용해 _____하고, 각각의 범주에 _____하는 방법
→ 새로운 어휘 이해, 어휘력 확장, 조직적 기억

② 개념지도, 개념 비교표, 개념 다이어그램

　㉠ 개념지도 : 목표 어휘의 정의, 예, 예가 아닌 것/관련 개념들이 서로 어떤 관련성을 지니는지/상위개념과 하위개념의 관계로 연관

　㉡ 개념 비교표 : 여러 개념 간 공통점·차이점 시각적 비교

　㉢ 개념 다이어그램 : 개념 비교표를 만들어 개념의 특성(반드시/가끔/절대), 예, 예가 아닌 것

③ 의미특성 분석 : 목표 어휘와 그 어휘들의 주요 특성들 간 관계를 격자표로 정리

　→ 학생들은 각 어휘가 각 특성과 관련이 있는지(＋), 없는지(－)를 파악해 목표 어휘의 의미를 폭넓게 이해

　→ 어휘에 대한 이해도를 확장

④ 어휘 관련시키기 활동 : 이미 학습한 어휘의 의미를 확장·강화하는 방법으로, 유의어·반의어 및 유추 어휘를 찾는 방법

⑤ 질문-이유-예 활동 : 해당 어휘를 사용한 이유, 해당 어휘와 관련된 자신의 경험을 이야기해 보는 활동

#### (3) 생성지식 수준

① 다독 전략

|  | 모르는 어휘가 포함된 문장을 읽거나 앞뒤 문장을 읽으면서 어휘의 뜻을 유추하도록 돕는 전략 |
|---|---|
|  | 단어를 구성하는 형태소(어근/접사 등)를 파악해 모르는 어휘의 뜻을 파악하도록 돕는 전략 |

## 형성평가

**11** 읽기유창성의 구성요소를 쓰시오.

**12** 읽기유창성이 읽기이해에 미치는 영향을 '인지적 자원'과 연관지어 서술하시오.

**13** 효과적인 읽기유창성 교수의 특징 중 옳지 않은 것 2가지를 찾고 바르게 수정하시오.

> (ㄱ) 학생에게 동일한 글을 속으로 반복하여 읽게 한다.
> (ㄴ) 효과적인 읽기유창성 교수에서는 먼저 유창한 사람이 시범을 보인 후 읽도록 한다.
> (ㄷ) 읽기유창성 교수에서 사용하는 읽기자료는 학생이 모르는 단어가 50% 이상 포함된 지문으로 선정한다.
> (ㄹ) 학생이 소리 내어 읽기를 할 때 실수를 보이면 즉각적으로 수정한다.

**14** 다음은 학생 K가 글을 소리 내어 읽을 때 보이는 오류를 분석한 자료이다. 학생 K가 보이는 오류의 유형 2가지를 쓰시오.

> 감기는 주로 ~~접촉~~에 의해 감염되는데, 여기에는 크게 두
> 접총
> 가지 ~~방삭~~이 있다. 그중 하나는 환자의 콧물이나 기침에
> 방법              에
> 섞인 바이러스가 환자의 손에 통해 문고리 같은 여러 사
> 을
> 람이 접촉하는 물건에 묻어 있다가 다른 사람이 만져서
> 옮는 방식이다.

**15** '끊어서 반복 읽기'는 읽기유창성 구성요소 중 무엇을 향상시키기 위한 것인지 쓰시오.

**16** '끊어서 반복 읽기' 활동을 하기 전 교사가 사전에 준비해야 할 자료의 특징을 서술하시오.

**17** '사전적 정의'가 목표로 하는 어휘의 질적 수준을 쓰고, '사전적 정의'의 제한점을 1가지 쓰시오.

**18** 어휘의 '이해지식' 수준의 특징을 서술하시오.

**19** 어휘의 간접교수 방법 중 책을 읽다가 모르는 어휘가 나오면 스스로 파악할 수 있도록 지도하는 전략 2가지를 쓰고, 간략히 서술하시오.

**20** '어휘 관련시키기 활동'과 '질문 – 이유 – 예 활동'의 지도방법을 서술하시오.

**21** 어휘 지도 시 '범주를 이용한 교수전략' 중 단어유창성 방법을 서술하시오.

**22** 다음에 해당하는 그래픽 조직자의 명칭을 쓰고, 장점을 1가지 쓰시오.

| 주요\특성 \ 목표 어휘 | 정사각형 | 직사각형 | 평행 사변형 | 마름모 | 사다리꼴 |
|---|---|---|---|---|---|
| 네 변 | + | + | + | + | + |
| 두 쌍의 변이 평행 | + | + | + | + | − |
| 모든 각이 직각 | + | + | − | − | − |
| 모든 변이 합동 | + | − | − | − | − |

**23** 다음에 해당하는 그래픽 조직자의 명칭을 쓰고, 특징을 서술하시오.

| 개념 | 화석 |
|---|---|
| 정의 | 지질시대에 살던 동식물의 유해 또는 그 흔적이 퇴적물 속에 매몰된 채로 보존되어 남아 있는 것 |

**개념 속에 나타난 특성 :**

| 반드시 갖추고 있는 특성 | 가끔 갖추고 있는 특성 | 절대 갖추고 있지 않은 특성 |
|---|---|---|
| 유해 또는 흔적 | 암석 속 | 살아 있는 것 |
| 동물 또는 식물 | 빙하 속 | 부패된 것 |
| 오랜 시간 보존되어 남아 있는 것 | 화산재 속 | 동물 또는 식물이 아닌 것 |

| 예 | 예가 아닌 것 |
|---|---|
| 호박 속의 곤충 | 신발자국 |
| 빙하 속에서 발견된 매머드 | 석고상 |
| 석회암에서 발견된 어류 | 현재 아프리카에 사는 코끼리 |

**24** 다음에 해당하는 그래픽 조직자의 명칭을 쓰시오.

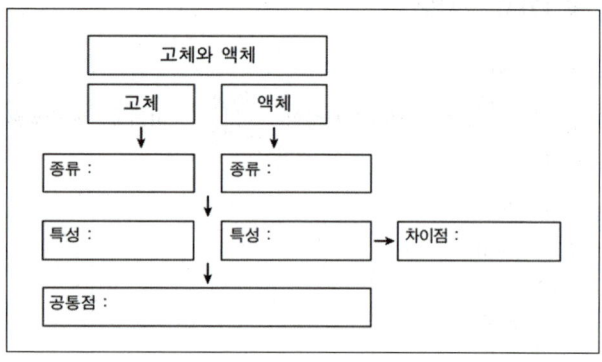

**26** 다음에 해당하는 그래픽 조직자의 명칭을 쓰고, 지도 방법을 서술하시오.

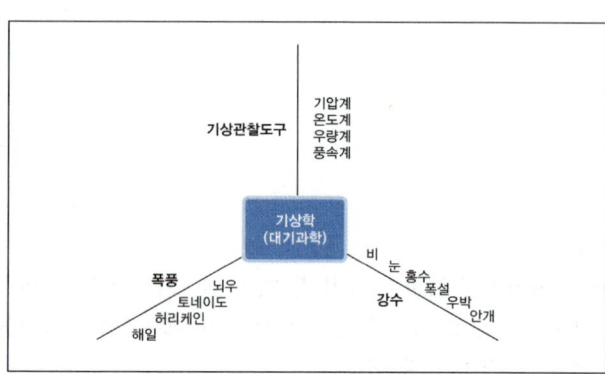

**25** 다음에 공통적으로 해당되는 그래픽 조직자의 유형을 쓰고, 장점을 1가지 쓰시오.

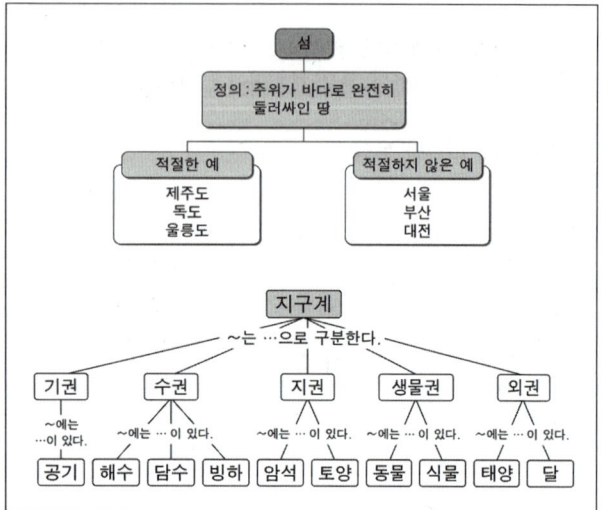

학습목표 읽기이해의 개념을 정의하고, 읽기이해 향상을 위한 효과적인 교수법을 설명할 수 있다.

07 읽기이해

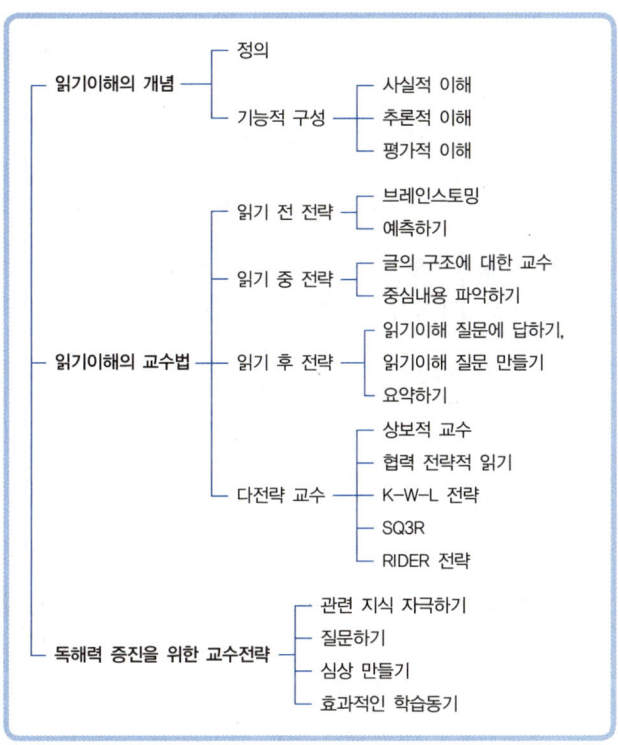

## 1. 읽기이해의 개념

① 정의 : 읽기이해는 자신의 선행지식과 글에서 제시되는 정보를 연결해 의미를 형성해 가는 과정이며, 읽기 교수의 궁극적인 목적임

② 읽기이해의 발달(읽기이해의 기능적 구성, Herber)

| | |
|---|---|
| | 읽기이해의 가장 첫 단계로, 아동이 텍스트에 명시적으로 제시된 정보를 확인하는 능력 |
| | • 텍스트에 제시된 사실을 인식하는 것<br>• 사실적 이해와 달리 독자는 중심내용과 구체적인 내용 간의 관계성을 찾고, 저자가 의도하는 결론을 해석하거나, 빠진 내용이 없는지 확인하는 능력이 필요함 |
| | • 읽기이해의 단계에서 가장 복잡한 수준으로, '비판적' 혹은 '적용된' 이해라고도 함<br>• 독자는 텍스트에서 읽은 내용과 자신의 사전 지식 및 경험이 병렬적으로 필요함. 이를 통해 텍스트를 넘어선 새로운 의미와 관계를 만들어낼 수 있음 |

## 2. 읽기 전 전략

글을 읽기 전 _____을 활성화하는 것은 읽기이해에 도움

① 브레인스토밍

| 단계 | 내용 |
|---|---|
| 선행지식<br>생성하기 | 학생은 앞으로 읽을 글의 제목을 보고, 제목과 관련해 이미 알고 있는 것을 자유롭게 말함 |
| 선행지식<br>조직하기 | 그래픽 조직자 등의 형식을 사용해 시각적으로 조직하거나, 비슷한 내용끼리 분류함 |
| 선행지식<br>정교화하기 | 학생이 정리된 내용을 보고 더 추가할 내용이 있는지를 확인하고, 필요한 경우 새로운 내용을 추가함 |

② _____ : 글을 읽기 전에 글의 제목·소제목· 그림 등을 훑어본 다음, 앞으로 읽을 글의 내용을 예측하는 활동

### 3. 읽기 중 전략

읽기 중 전략에서는 _____를 통합적으로 활용할 수 있음

① **글 구조에 대한 교수** : 글 구조란 글에 나타나는 조직적인 특성으로, 글 구조에 대한 교수는 이러한 글 구조를 명시적으로 가르침

    ㉠ **이야기글** : _____(인물, 배경, 발단 사건, 문제, 결말 등)을 지도함

        → 이를 시각적으로 기록해 내용 파악에 도움을 주는 방법을 _____라고 함

    ㉡ **설명글** : 공통적으로 각 문단별로 중심내용과 세부내용을 포함하고 있음

|  |  |
|---|---|
|  | 여러 중요 사실들을 동등한 수준에서 제시하고 이를 설명 → 주로 사용하는 그래픽 조직자 유형(          ) |
|  | 두 개 이상의 사건, 현상 또는 사물을 서로 비교 → 주로 사용하는 그래픽 조직자 유형(          ) |
|  | 현상이나 사건이 촉발되게 한 원인과 그로 인해 발생한 결과를 설명 → 주로 사용하는 그래픽 조직자 유형(          ) |

② **중심내용 파악하기** : 해당 문단의 중요 내용을 찾고 이를 자신의 말로 표현하는 전략

    → 그래픽 조직자를 함께 활용해 시각적으로 조직·정리 가능함

    ㉠ 각 문단이 '무엇' 또는 '누구'에 관한 내용인지를 파악하기

    ㉡ 각 문단에서 '무엇' 또는 '누구'에 관한 가장 중요한 내용 파악하기

    ㉢ 1~2단계에서 파악한 내용을 10어절 이내의 문장으로 표현하기

### 4. 읽기 후 전략

읽기 후 전략의 목표 : _____

① **읽기이해 질문에 답하기** : 교사는 읽은 글의 내용에 관한 질문을 만들어 학생에게 제시하고, 학생은 질문에 대한 답을 하는 형식

② **읽기이해 질문 만들기** : 학생이 스스로 읽기이해 질문을 만드는 읽기이해 질문 만들기 전략은 학생이 자신이 읽은 내용을 복습하고, 특히 중심내용을 다시 한번 살피고 기억하는 데 효과적

    → 좋은 질문에 대한 명시적 교수가 필요함

    🔔 좋은 질문이란 중심내용을 강조하고, 단편적인 지식보다는 글의 내용을 통합적으로 파악해 답할 수 있는 질문

| 질문의 유형 | 설명 |
|---|---|
| 바로 거기 유형 | 답이 글에 그대로 드러나는 질문 |
| 생각하고 찾기 유형 | 답이 글 속에 있으나 한 곳에 드러나는 것이 아니라 학생이 읽은 내용을 결합해 답해야 하는 질문 |
| 작가와 나 유형 | 답이 글 속에 없고 학생이 자신의 선행지식과 읽은 내용을 관련지어 답을 추측해야 하는 질문 |

③ **요약하기** : 글의 전체 내용을 종합적으로 파악해 필요 없는 내용은 버리고, 중요한 내용에 초점을 맞추어 정리하는 것을 돕는 전략

    → 학생이 전체 글의 내용 및 구조를 다시 한번 살피고, 문단별 중심내용을 확인하고 기억하는 데 도움

### 5. 다전략 교수

읽기 전, 중, 후에 사용되는 여러 읽기이해 전략들을 결합해 사용하는 방법

🔔 너무 많은 전략의 결합은 혼란스러울 수 있으므로 _____의 전략을 결합한 교수법이 가장 적절함

① **상보적 교수** : 교사와 학생이 글에 대해 _____를 함으로써 학생의 읽기이해력을 향상시키는 것을 목적으로 함

    ㉠ **적용 절차** : 예측하기, 질문 만들기, 요약하기, 명료화하기 전략의 사용을 가르치고, 글을 읽는 문단별로 _____으로 사용함

ⓛ 4가지 전략

| | |
|---|---|
| | • 글을 읽는 목적을 설정하는 데 도움을 줌. 즉, 학생은 자신이 예측한 내용이 맞는지 여부를 점검하면서 글을 읽게 됨<br>• 글을 읽기 전에는 글을 전반적으로 훑어 봄으로써 앞으로 읽을 내용에 대해 예측하게 하고, 글을 읽는 중간에는 지금까지 읽은 내용을 바탕으로 앞으로 이어질 내용을 예측하게 함 |
| | • 학생이 자신이 읽은 글에서 중요한 내용에 집중하도록 도움<br>• 해당 문단을 읽으면서, 그 문단의 중요한 내용을 반영한 질문을 만들도록 함. 이때 질문을 만드는 데 필요한 키워드 등을 사용할 수 있는데, 이러한 키워드는 글의 장르에 따라 달라질 수 있음 |
| | • 학생이 자신의 글에 대한 이해 여부를 점검하도록 돕는 전략<br>• 자신이 모르는 단어나 이해하지 못한 내용이 있는지를 점검하고, 자신이 이해하지 못한 부분에 대해 명료화한 후에 다음 문단으로의 읽기를 진행함 |
| | • 학생이 자신이 읽은 글의 내용을 정리하고, 중요한 내용을 기억하는 것을 도움<br>• 이야기글의 경우 이야기 문법 요소를 중심으로 내용을 요약하고, 설명글의 경우에 문단별 중심내용을 중심으로 전체 글을 요약함 |

② **협력 전략적 읽기**: 상보적 교수와 효과적인 교수-학습 이론의 특징(직접교수, 협력활동)을 결합한 읽기이해 교수법

→ 효과성이 검증된 4가지 읽기이해 전략을 함께 사용해 학생이 읽기 전, 중, 후 활동에 능동적으로 참여하도록 해 읽기이해력을 향상

| 읽기 전 | 읽기 중 | 읽기 후 |
|---|---|---|
| 사전검토 | • 읽기이해 점검 전략<br>• 읽기이해 수정 전략<br>• 중심내용 파악하기 | • 질문 만들기<br>• 내용 요약하기 |

③ **K-W-L 전략**: 앞으로 읽을 글에 대해 선행지식을 활성화하고, 읽은 내용을 요약하는 것을 돕는 전략

| K<br>이미 알고 있는 것 | W<br>배우고 싶은 것 | L<br>글을 읽고 배운 것 |
|---|---|---|
| | | |

④ **SQ3R**: 사회과나 과학과와 같은 내용교과 교수에 주로 사용되는 전략

| 단계 | 내용 |
|---|---|
| | 읽기 자료의 개요를 확인하기 위해 자료 전체를 훑어봄 |
| | 주의 깊게 책을 읽게 하기 위해 학생으로 하여금 대답할 수 있을 만한 문제를 만들어 보게 함 |
| | 질문에 대한 답을 찾을 의도로 책 읽기를 함. 학생은 책을 천천히 읽으면서 필요한 경우에는 메모를 할 수 있음 |
| | 짧고 간단한 질문에 대해 읽은 내용을 다시 말함. 암송과정은 학생이 학습한 것에 대해 확인하게 하고 정보를 기억하도록 도와줌 |
| | 학생이 읽기 자료를 복습하고 전 단계에서 찾아낸 질문의 답을 확인하기 위해 자료의 일부나 자신이 작성한 노트를 다시 읽어 내용을 기억하고 있는지를 점검함. 또한 각 제목하의 핵심사항에 대해 정리할 수 있음. 이러한 복습과정은 학생이 학습한 것에 대한 강화가 되어 읽기 자료의 내용을 보다 잘 기억하게 하는 데 도움을 줌 |

⑤ **RIDER 전략**: 학생들의 기억과 읽기이해를 향상시키기 위해 읽은 내용을 _____로 형상화하는 전략

| 단계 | 내용 |
|---|---|
| R | Read the sentence. (문장 읽기) |
| I | Imagine a picture of it in your mind. (문장에 대해 마음속으로 이미지 그리기) |
| D | Describe how the new image differs from the old. (새로운 이미지가 예전의 것과 어떻게 다른지 기술하기) |
| E | Evaluate to see that the image contains everything. (이미지에 모든 것이 포함되어 있는지 평가하기) |
| R | Repeat as you read the next sentence. (다음 문장에서도 반복하기) |

## 형성평기

정답 및 해설은 동영상강의(유료)로 제공 ●

**27** 다음 (ㄱ)~(ㄷ)에 해당하는 읽기이해 수준을 쓰고, 각 수준별 예를 1가지씩 쓰시오.

> (ㄱ) 텍스트에 명시적으로 제시된 정보를 확인할 수 있는 수준
> (ㄴ) 텍스트에서 읽은 내용과 자신의 사전 지식 및 경험을 통해 텍스트를 넘어선 새로운 의미와 관계를 만들어내는 수준
> (ㄷ) 텍스트에 제시된 중심내용과 구체적 내용 간의 관계성을 찾고, 결론을 해석하거나 빠진 내용을 확인하는 수준

**28** 읽기 전 전략의 목적을 서술하고, 브레인스토밍의 단계를 서술하시오.

**29** 예측하기 활동의 지도방법을 서술하시오.

**30** 다음 빈칸에 해당하는 용어를 쓰시오.

> • ( ㉠ )은/는 이야기의 기초적인 구성요소인 인물, 배경, 발단 사건, 문제, 사건, 결말 등이다.
> • ( ㉠ )을/를 가르치는 방법 중 하나로 ( ㉡ )은/는 글의 중요한 내용을 시각적으로 기록하여 학생이 글의 내용을 파악하는 데 도움을 준다.

**31** 설명글 구조의 3가지 유형을 서술하고, 각 유형에 적합한 그래픽 조직자를 각각 1가지씩 제시하시오.

**32** '중심내용 파악하기'의 지도방법을 서술하시오.

**33** 좋은 질문의 의미를 쓰고, 읽기이해 질문 만들기 전략의 장점을 서술하시오.

**34** 요약하기 전략의 목적을 쓰시오.

**35** 상보적 교수의 목적을 쓰고, 4가지 전략을 간략히 서술하시오.

**36** 협력 전략적 읽기 교수에서 읽기 전, 읽기 중, 읽기 후에 사용되는 각각의 전략을 쓰시오.

**37** K-W-L 전략의 3단계 지도방법을 서술하시오.

**38** 아래에 제시된 전략의 명칭을 쓰고, 빈칸에 들어갈 내용을 쓰시오.

| 개관 | 자료 전체를 훑어보기 |
|------|------|
| ( ⓐ ) | …(중략)… |
| 읽기 | 책 읽기 |
| 암송 | 읽은 내용을 다시 말하기 |
| 검토 | 읽기 자료를 복습하고 기억하고 있는지 점검하기 |

**39** 심상 만들기 전략을 간략히 설명하시오.

**40** 효과적인 학습동기 전략에서 '내재적 동기'와 '외재적 동기'가 무엇인지 각각 서술하시오.

# Chapter 03

## 학습장애 읽기 검사

학습목표 표준화된 읽기검사인 NISE-B·ACT의 구성요소를 알고, CBM 읽기검사의 특징, 유형, 장단점을 설명할 수 있다.

### 08 읽기장애의 진단·평가

- 음운처리 검사
- 글자·단어 인지 검사
- 읽기유창성 검사
- 어휘검사
- 읽기이해 검사

### 1. 음운처리 검사

| 음운인식 | 말소리가 작은 요소로 나누어지며 조작될 수 있음을 아는 것을 의미함 |
|---|---|
| 빠른 자동 이름대기 | • 장기기억에 저장된 친숙한 정보(글자, 색깔, 숫자, 사물 등) 관련 음운정보에 빠르고 자동적으로 접근하는 능력을 측정함<br>• RAN은 단어의 음운구조 인식 및 조작의 _____에 초점을 둔 음운인식과는 달리, 장기기억에 저장된 음운정보나 의미에 접근하는 _____에 중점을 두는 변인 |

### 2. 글자·단어 인지 검사

| 글자 인지 검사 | 글자의 이름을 소리 내어 읽는 문항들과 글자를 소리 내어 읽는 문항들로 구성됨 |
|---|---|
| 단어 인지 검사 | • 규칙단어와 불규칙단어<br>• 교과서나 일상생활에서 단어가 사용되는 빈도에 따라 고빈도/저빈도/무의미 단어로 구분해 단어를 선정함<br>🔔 무의미 단어(pseudoword)는 어휘에 대한 선행지식과 관계없이 단어를 정확하게 읽는 능력을 측정하기 위해 포함됨 |

### 3. 읽기유창성 검사

① 단어 해독의 자동화가 이루어지면 텍스트의 의미를 이해하는 데 보다 많은 인지적 자원을 사용할 수 있음

② 검사 실시방법: 각 지문별로 1분이라는 제한된 시간을 주고 학생으로 하여금 글을 소리 내어 읽게 함

③ 기록: '총 읽은 음절 수'와 '틀린 음절 수'를 확인하고, 총 읽은 음절 수에서 틀린 음절 수를 빼 '정확하게 읽은 음절 수'를 기록함

### 4. 어휘검사

① 양적 어휘지식: 학습자가 몇 개의 어휘의 의미(표면적 지식)를 알고 있는지 확인

② 질적 어휘지식: 어휘의 깊이를 측정하는 것이 목적으로, 학습자가 어휘의 의미를 얼마나 잘 이해하는지 확인

→ 반대말 찾기, 비슷한 말 찾기, 유추, 빈칸 채우기

### 5. 읽기이해 검사

읽기이해 검사는 글의 길이에 따른 이해도 차이를 확인함

① 문장 이해: 동작으로 표현하기, 그림 고르기, 그림 배열하기

② 짧은 글 이해: 사실적 이해 능력 측정

③ 긴 글 이해: 사실적 이해 및 추론적 이해 능력 측정

## 09 교육과정중심측정 읽기검사

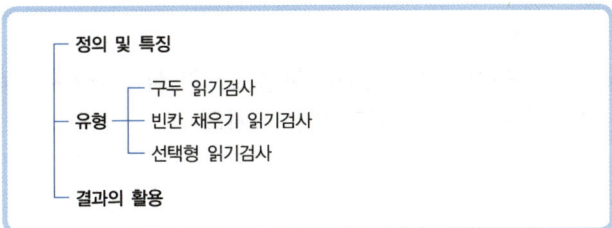

### 1. CBM 읽기검사의 개념

① 표준화된 상업용 검사도구의 대안으로 개발된 검사
② 표준화된 상업용 학업성취검사 vs CBM
   ㉠ CBM은 수업활동과 연계된 직접 평가로, 수업활동에서 활용되는 읽기 자료들을 사용해 개발할 수 있음
   ㉡ CBM은 검사를 반복적으로 실시하여 상대적 서열보다는 학생의 성장과 프로그램의 효과성에 대한 형성적 평가자료로 활용됨

### 2. CBM 읽기검사의 유형

① 구두 읽기검사(oral reading task)

| | |
|---|---|
| 정의 및 방법 | 수업 자료 등에서 300~350개 단어 분량의 지문을 선정하여, 학생이 1분 동안 소리 내어 읽게 함(읽기유창성 평가) |
| 채점 | 1분 동안 읽은 총 단어 수에서 오류 단어 수를 뺀 결과를 사용함 |
| 장점 | 검사 제작과 실시가 간편함 |
| 단점 | 읽기이해를 측정하기 어려움 |

② 빈칸 채우기 읽기검사(cloze task)

| | |
|---|---|
| 정의 및 방법 | 지문에서 일정한 규칙에 따라 일부 단어를 지우고 괄호를 만들어, 학생이 문법과 문맥에 맞는 단어를 직접 쓰도록 함<br><br>✎ 삭제할 단어 선정 시 고려사항<br>– 문맥적으로 최소한 다른 하나의 문장과 관련성을 가지고 있어야 함<br>– _____<br>– _____<br>– _____ |
| 채점 | 2분 동안 학생이 올바르게 적어 넣은 단어 수를 측정함 |
| 장점 | 구두읽기검사와 달리 집단 실시가 가능하며, 유창성뿐만 아니라 읽기 이해력을 동시에 측정 가능함 |
| 단점 | 검사 자료 개발이 구두읽기보다 복잡하며, 난이도가 높을 경우 쉽게 좌절하거나 포기할 수 있음 |

③ 선택형 읽기검사(maze task)

| | |
|---|---|
| 정의 및 방법 | 빈칸 채우기와 유사하지만, 빈칸에 들어갈 단어를 직접 쓰는 대신 제시된 3~5개의 선택지 중 적절한 단어를 고르도록 구성함 |
| 채점 | 단순 추측의 영향을 배제하기 위해, 올바른 선택 수에서 틀린 선택 수를 뺀 결과를 활용함 |
| 장점 | 빈칸 채우기에 비해 아동의 심리적 좌절감이 적어 검사 참여 동기를 유지하기 좋으며, 유창성과 이해력을 모두 측정 가능함 |
| 단점 | 오답 역할을 하는 선택지를 만드는 것이 어려움 |

### 3. CBM 읽기검사 결과의 활용

① 설정된 목표선을 기준으로 성장 속도가 목표선 기울기보다 낮게 나타나거나 목표선 아래로 검사 점수가 세 번 이상 연속하여 위치할 경우 : _____
_____

② 목표선 기울기보다 아동의 성장 속도가 높게 나타날 경우 : _____
_____

## 형성평가

정답 및 해설은 동영상강의(유료)로 제공 ●

**41** 국립특수교육원 기초학습능력검사(NISE-B·ACT) 의 읽기검사 구성요소를 모두 쓰고, 다음의 설명이 틀린 이유를 서술하시오.

> NISE-B·ACT는 동형검사로 되어 있어 사전·사후 변화 정도를 나타내는 자료로 활용하기 유용함

**42** 빠른 자동 이름대기 검사의 실시 방법과 목적을 각각 쓰시오.

**43** 단어인지 검사에서 무의미 단어 검사의 실시 목적을 서술하시오.

**44** 읽기유창성 검사에서 '정확하게 읽은 음절 수'를 구하는 방법을 쓰시오.

**45** NISE-B·ACT 검사의 구성요소 중 질적 어휘지식을 측정하는 방법을 2가지 이상 쓰시오.

**46** 표준화된 읽기검사와 비교하여 교육과정중심측정 읽기검사의 장점을 2가지 쓰시오.

**47** 구두읽기검사의 실시 방법을 서술하시오.

**48** 빈칸 채우기 읽기검사에서 자료 제작 시 삭제할 단어를 선정하는 경우 고려할 사항을 2가지 서술하시오.

**49** 빈칸 채우기 읽기검사와 비교하여 선택형 읽기검사의 장점을 쓰시오.

## 01 글씨 쓰기(hand writing)

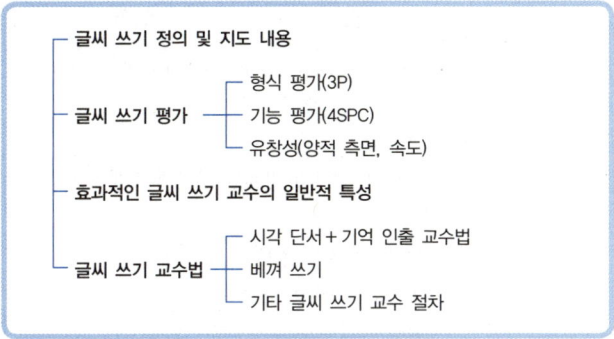

## 1. 글씨 쓰기 교수 시 유의해 지도할 내용(목표)

① _____ : 글씨를 잘 알아볼 수 있게 쓰도록 지도 → 글자의 형태, 기울기, 크기, 글자 및 단어 사이의 간격, 줄 맞춰 쓰기 등

② _____ : 글씨를 알아볼 수 있도록 쓸 뿐만 아니라 빠르게 쓰도록 지도

## 2. 글씨 쓰기 평가

| | |
|---|---|
| | • 자세: 몸의 올바른 태도, 발의 위치, 시선의 꼿꼿함<br>• 위치: 글자가 기울어지지 않도록 하는 종이의 위치<br>• 연필: 연필을 잡는 방법 |
| | 글씨 모양(shape), 띄어쓰기(spacing), 크기(size), 기울기(slant), 위치(position), 연결성(connectedness) |
| | 양적 측면, 속도 |

## 3. 글씨 쓰기 교수법

① _____ : 글자의 필순과 진행 방향을 화살표와 번호로 표시한 학습지를 사용해 글씨를 쓰는 방법에 대해 시각적으로 보여주면서 글씨 쓰기를 가르치는 방법

② _____ : 글자를 주의 깊게 살펴보도록 지시한 후, 가림판으로 글자를 가린 상태에서 글자를 기억해 쓰도록 함. 점차 시간을 늘려서 3초 후－6초 후－9초 후에 글자를 기억해 쓰도록 하는 '지속적인 시간 지연법(constant time delay)'을 사용함

③ _____ : 교사가 먼저 글씨 쓰는 것을 시범 보인 후, 학생이 같은 글자를 베껴 쓰도록 하는 방법. 글씨 쓰기 유창성을 높이기 위해서는 베껴 쓰기 교수를 적용할 때 학생이 _____ 동안 베껴 쓰기를 한 다음, 학생이 베껴 쓴 글자의 수를 기록하게 함

**Keyword**

**기억 지연(memory delay)**
• 글자 형태를 쓸 때, 계획과 문자 형태를 마음속에 담아두는 시간(지연시간)을 점차 늘린 후에 글자 형태를 쓰도록 연습하는 방법이 포함됨. 이는 문자를 메모리에서 인출해 쓰는 능력을 향상시킴
• 쓰기 학습과정에서 문자 형태를 기억으로부터 인출하고 계획하는 능력을 강화하기 위한 교수전략으로 사용됨

## 02 철자(spelling)

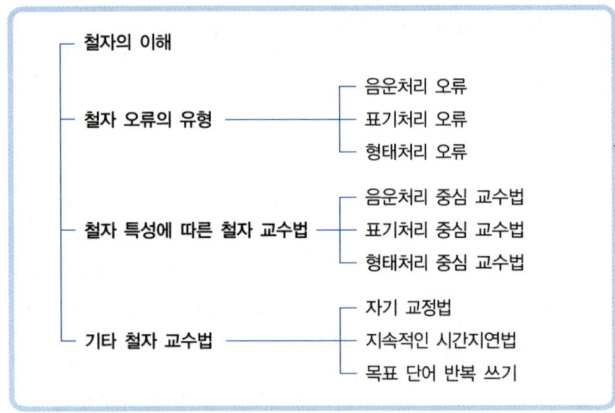

┌─ 철자의 이해
│
│                      ┌─ 음운처리 오류
├─ 철자 오류의 유형 ──┼─ 표기처리 오류
│                      └─ 형태처리 오류
│
│                              ┌─ 음운처리 중심 교수법
├─ 철자 특성에 따른 철자 교수법 ─┼─ 표기처리 중심 교수법
│                              └─ 형태처리 중심 교수법
│
│                  ┌─ 자기 교정법
└─ 기타 철자 교수법 ─┼─ 지속적인 시간지연법
                   └─ 목표 단어 반복 쓰기

### 1. 철자의 이해

① 정의 : 철자는 단어를 맞춤법에 맞게 쓰는 것으로, 한글 맞춤법은 소리대로 적되, 어법에 맞도록 쓰는 것을 원칙으로 함

② 의의 : 철자는 향후 작문능력을 예측하는 변인

### 2. 철자 오류의 유형 및 철자 교수법

|  |  |
|---|---|
|  | • 낱자-소리 대응관계에서의 오류(_____ 문제)<br>• 즉, _____<br> _____<br> 예 예쁜 → 여쁜<br>• 교수법 : _____ |
|  | • 한글의 음운변동 현상으로 인해 소리만으로 올바른 표기를 하기 어렵고 낱자 밑 글자의 형태에 대한 인식능력이 요구됨(_____ 문제)<br>• 즉, _____<br> _____<br>• 오류의 예<br> – 같은 소리가 나는 다른 낱말로 대치<br>  예 _____<br> – 전체 단어를 소리 나는 대로 표기<br>  예 _____<br> – 단어의 일부를 소리 나는 대로 표기<br>  예 _____<br> – 실제 발음상 구분× 예 _____ |

• 교수법 : _____

| 연음규칙 | 축약규칙 |
|---|---|
| 웃음 | 국화 |
| 울음 | 목화 |
| 믿음 | 벽화 |
| 걸음 | 축하 |
| 녹음 | 입학 |

• 단어를 구성하는 형태소에 대한 인식 부족으로 나타나는 오류
• 오류의 예
 – 어간과 어미의 경계를 구분하지 못하는 오류
  예 _____
 – 시제 선어말 어미를 인식× 예 _____
 – 어미를 변환하는 오류 예 _____
 – 동음이의어로 혼동하는 오류 예 _____
• 교수법 : _____

| 기본형, 종결어미 –다 | 연결어미 –고 | 연결어미 –으니 | 전성어미 –음 | 전성어미 –은 |
|---|---|---|---|---|
| 좋다 | 좋고 | 좋으니 | 좋음 | 좋은 |
| 높다 | 높고 | 높으니 | 높음 | 높은 |
| 밟다 | 밟고 | 밟으니 | 밟음 | 밟은 |
| 젊다 | 젊고 | 젊으니 | 젊음 | 젊은 |

**더 알아보기** 음운변동규칙

| 형태 | 예시 |
|---|---|
| 7종성법칙 |  |
| 두음법칙 |  |
| 비음화 |  |
| 유음화 |  |
| 구개음화 |  |
| 격음화 |  |
| 경음화 |  |

## 3. 자기 교정법

① **정의**: 학생 자신이 쓴 단어와 정답을 비교해 자신이 잘못 철자한 단어를 확인해 수정한 후, 단어를 바르게 베껴 쓰는 방법

② 자기교정을 가르치는 것은 _____을 받도록 해줌

③ '가리고, 기억하여 쓰고, 비교하기'는 _____ _____ → _____ _____ → 다시 단어를 보여주어 해당 단어와 자신의 답을 비교해 답을 확인하게 함(자기교정법)

## 4. 지속적인 시간지연법

단어를 외워서 베껴 쓰는 활동을 할 때, 처음에는 단어를 가린 후 1초 후에 단어를 기억 쓰도록 하다가, 점차 시간을 늘려서 3초-6초-9초 후에 단어를 기억해 쓰도록 함

### 03 **작문**(쓰기 표현, written expression)

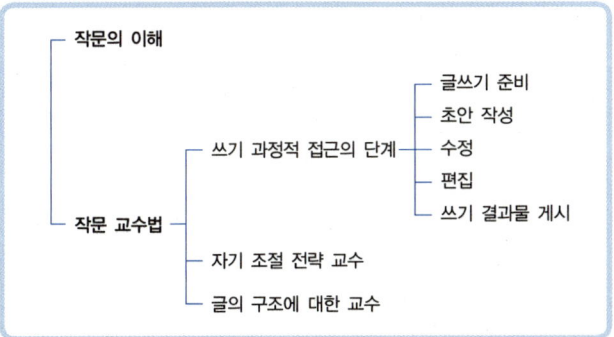

## 1. 쓰기 과정적 접근

① 쓰고자 하는 바를 글로 표현하는 것으로, 쓰기 교수의 궁극적 목표

② **평가**

  ㉠ **양적 평가**: 제한된 시간 동안 산출된 단어(절)의 수

  ㉡ **질적 평가**: 산출한 글의 내용, 구조, 표현 등을 평가

③ 쓰기 과정적 접근의 단계

쓰기의 결과물뿐만 아니라 쓰기의 과정 모두 강조되어야 하며, 학생들의 쓰기와 관련된 _____을 중요시함

④ 글쓰기 과정의 _____을 강조해야 함

| 단계 | 교수 · 학습활동 |
|---|---|
| 글쓰기 준비<br>(계획하기) | • 글쓰기 **주**제를 선택함<br>• 쓰는 **목**적을 명확히 함<br>• 목적과 독자에 기초해 작문의 적절한 **유**형을 선택함<br>  예 이야기, 보고서, 논설문, 편지 등<br>• **독자**를 명확히 함<br>• 쓰기를 위한 **아**이디어를 생성하고 조직하기 위한 사전활동을 함<br>  예 마인드맵 작성, 이야기하기, 읽기, 인터뷰하기, 브레인스토밍, 주제와 세부항목 묶기 등<br>• **교**사는 학생과 협력해 글쓰기 활동에 참여함 |
| 초안 작성 | • 일단 초고를 작성하고, 글을 쓸 때 수정하기 위해 충분한 공간을 남김<br>• 문법, 철자보다 _____하는 데 초점을 둠 |
| 수정<br>(_____) | • 초고를 다시 읽고, 보충하고, 다른 내용으로 바꾸고, 필요 없는 부분을 삭제하고, 옮기면서 내용을 고침<br>• 글의 내용을 향상시키고 다양한 시각을 제안할 수 있도록 또래집단(글쓰기 도우미 집단)을 활용해 피드백을 제공함 |
| 편집<br>(쓰기의 기계적인 측면 교정하기) | • 구두점 찍기, 철자법, 문장구조, 철자 등 _____에 맞추어 글쓰기를 함<br>• 글의 의미가 잘 전달될 수 있도록 문장의 형태를 바꿈<br>• 필요한 경우 사전을 사용하거나 교사로부터 피드백을 받음 |
| 쓰기 결과물 게시<br>(발표하기) | • 쓰기 결과물을 게시하거나 제출함<br>• 적절한 기회를 통해 학급에서 자기가 쓴 글을 다른 학생들에게 읽어 주거나 학급 게시판에 올려놓음 |

## 2. 자기 조절 전략 교수(SRSD)

① 쓰기 과정에 대한 명시적 전략 교수를 기본으로 하되, 자기 조절적 요소(예 목표 설정, 자기점검, 자기강화)를 포함해 구성된 전략교수

② SRSD는 계획하기, 초안 작성하기, 수정하기에 대한 전략을 명시적이고 체계적으로 교수하는 것을 목표로 5단계로 구성됨

    ⊙ **논의하라**: 교사는 전략을 명시적으로 소개하고, 전략의 목적과 장점 등을 명시적으로 제시함

    ⓒ **시범을 보여라**: 교사는 전략을 어떻게 사용하는지 정확하게 시범을 보임

    ⓒ **외우도록 하라**: 학생은 기억전략을 사용하여 전략 사용의 단계를 외움

    ⓔ **지원하라**: 교사는 학생이 전략 사용 단계에 따라 전략을 적용하는 데 필요한 지원을 함

    ⓜ **독립적으로 사용하게 하라**: 학생은 궁극적으로 교사의 지원 없이 전략을 독립적으로 사용함

③ 유형

    ⊙ 이야기글 쓰기: POW+WWW What 2 How 2

      • Pick my idea(쓸 내용에 대한 생각을 꺼내라).

      • Organize my notes(생각을 조직하라).

      • Write and say more(생각을 추가하면서 써라).

      • Who(누가에 대해 써라)

      • When(언제에 대해 써라)

      • Where(어디서에 대해 써라)

      • What 2(무엇을 원했는지, 무슨 일이 일어났는지에 대해 써라)

      • How 2(어떻게 끝났는지, 어떤 느낌이었는지에 대해 써라)

    ⓒ 주장하는 글 쓰기: POW+TREE

      • Pick my idea(쓸 내용에 대한 생각을 꺼내라).

      • Organize my notes(생각을 조직하라).

      • Write and say more(쓰면서 더 생각을 꺼내라).

      • Topic sentence(주장 문장을 제시하라).

      • Reasons(주장에 대한 근거를 제시하라)

      • Explain(근거를 설명하라)

      • Ending(결론을 써라)

## 04 쓰기장애의 진단·평가

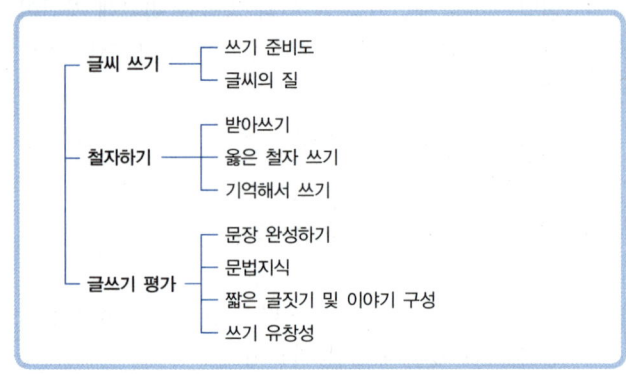

## ✏️ 형성평가

정답 및 해설은 동영상강의(유료)로 제공 ●

**01** 글씨 쓰기 교수의 목표 2가지를 서술하시오.

**02** 글씨 쓰기 교수를 위한 '시각 단서 교수법'과 '기억 인출 교수법'의 지도방법을 각각 서술하시오.

**03** 베껴 쓰기 지도 시 유창성을 향상시키기 위한 방법을 서술하시오.

**04** 표기처리 오류의 개념을 서술하고, 해당 오류를 보이는 학생을 지도하는 방법을 1가지 쓰시오.

**05** 다음 빈칸에 들어갈 용어를 쓰시오.

> 음운처리는 말소리에 대한 ( ㉠ )을/를 나타내는 반면, 표기처리는 말소리를 나타내는 문자와의 ( ㉡ )을/를 의미한다.

**06** 밑줄 친 ㉠~㉦에 해당하는 음운변동 현상의 명칭을 쓰시오.

> 어제 저녁 ㉠ <u>밤물</u>을 맞추어 지은 밥과 ㉡ <u>칼랄</u>처럼 매서운 추위를 녹여줄 뜨거운 국을 먹었다. 식사를 마친 후, 내 방의 ㉢ <u>구지</u> 닫혀 있던 창문을 열었다. 내일은 ㉣ <u>의팍</u> 축하 공연이 있다. 나는 설레는 마음으로 ㉤ <u>학꼬</u>에 갈 준비를 하며, 책상 위에 놓인 예쁜 ㉥ <u>꼳</u>을 보았다. 기분 좋은 상상을 하니 ㉦ <u>거름</u>마다 구름 위를 걷는 기분이 들었다.
>
> * 원 단어: 밤물, 칼날, 굳이, 입학, 학교, 꽃, 걸음

**07** 형태처리 오류의 개념을 서술하고, 해당 오류를 보이는 학생을 지도하는 방법을 1가지 쓰시오.

**08** 쓰기 과정적 접근의 단계를 순서대로 쓰고, 각 단계의 핵심 활동을 간략히 서술하시오.

**09** 자기 조절 전략 교수의 POW+ WWW(What2 How2)이다. 다음 빈칸에 들어갈 내용을 쓰시오.

> POW는 쓰기 과정 단계이다.
> • 'P'는 (_____)
> • 'O'는 생각 조직하기 단계
> • 'W'는 생각 추가하여 쓰기 단계

# Chapter 05

# 학습장애 수학 교수(1)

학습목표 수학학습장애의 주요 특성을 이해하고, 수학학습장애 진단방법을 설명하며, 자릿값과 사칙연산 등의 교수법을 설명할 수 있다.

## 01 수학학습장애의 특성

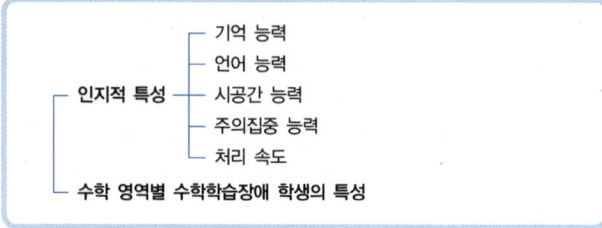

## 1. 수학학습장애의 인지적 특성

| | |
|---|---|
| | 기초 수학기술을 습득하고 문제해결 단계의 순서 등을 상기하기 위해 요구됨 |
| | 문장제 문제해결뿐 아니라 수학과제 전반에 걸쳐 영향을 미침 |
| | • 수학연산 수행, 수의 크기 개념 형성, 수직선과 같은 공간적 형태에서 정보를 표상·조작하기 위해 필요함<br>• 그래프 읽기, 자릿값에 따라 숫자 정렬하기, 도표 해석하기, 기하학적 그림 이해하기 등 |
| | 연산과 문장제 문제 해결 시 관련 없는 정보를 걸러내고 필요한 정보에만 집중할 수 있어야 함 |
| | • 구성요소 : _____<br>• 연산능력에 유의한 영향을 미침 |

## 02 수학학습장애의 진단과 평가

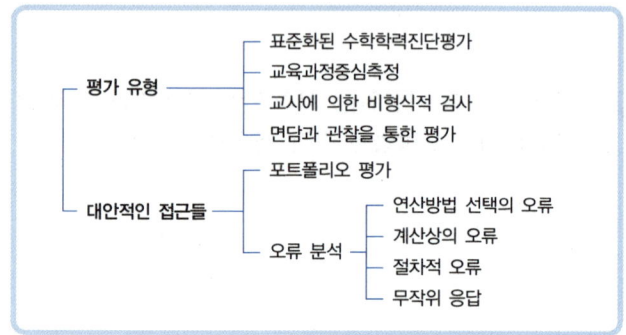

## 1. 면담과 관찰을 통한 평가

학생의 답안만 봐서는 도무지 알기 어려운 경우, 면담과 관찰을 통해 해당 학생이 어떻게 이러한 답안을 도출했는지 설명 가능한 원인을 규명할 수 있음

## 2. 오류 분석

① 개념 : 학생이 보일 수 있는 오류를 예상하고, 각 오류 유형을 확인할 수 있는 문항을 개발해 학생에게 실제로 그 문항을 풀 수 있는 기회를 제공한 후, 필요하다면 그 과정을 밀착 관찰하는 것

② 오류 유형

| | |
|---|---|
| 연산 방법 선택의 오류 | 빼는 대신 더하거나, 곱하는 대신 더하는 등의 잘못된 조작에 의한 실수 |
| 계산상의 오류 | 조작은 맞게 했으나 계산상의 실수를 범하는 경우 |
| 절차적 오류 | 계산규칙을 제대로 이해하지 못해 발생하는 실수 |
| 무작위 응답 | 실수도 오류도 아닌 마구잡이 반응으로, 학습에 대한 동기가 결여되었거나 인지능력이 크게 부족한 경우, 또는 문제 풀이 시간이 부족한 경우 주로 나타남 |

## 03 각 영역별 수학 지도 방법(1)

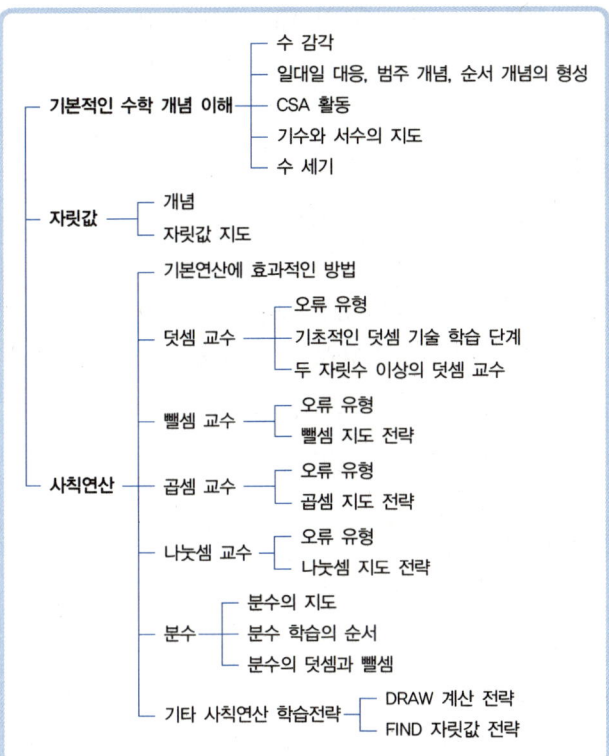

### 1. CSA 활동

| 활동 | 설명 |
| --- | --- |
| 구체물<br>(Concrete) | 구체적 수준은 수와 연산을 표상하기 위해 사물을 조작하는 것 |
| 반구체물<br>(Semiconcrete) | 반구체적 수준은 표기(예 /, //, ///)와 그림을 사용해 수학 문제를 해결하는 것 |
| 추상물<br>(Abstract) | 추상적 수준에서는 시각적 표상에 의존해 문제를 해결하는 대신, 상징(예 2, 5, 7)만을 사용해 해결함 |

### 2. 수 세기

① _____ : 사물과 숫자를 일대일 대응시켜 전체의 양을 세는 방법

② _____ : 주어진 양 전체를 기계적으로 반복해서 세는 것

③ _____ : 학생이 아는 기수부터 수를 세는 방법(작은 수부터 세기, 큰 수부터 세기)

④ _____ : '둘, 넷, 여섯, 여덟…'과 같이 일정한 양을 건너뛰며 수를 세는 방법

### 3. 자릿값

① 자릿값에 대한 학습 이후 갖추어야 할 기능

  ㉠ 숫자를 읽고 쓰기

  ㉡ 자릿값에 맞게 세로로 배열하기

  ㉢ 풀어서 자릿값으로 표현하기

② 자릿값 지도

| 오류 분석 | 지도방법 |
| --- | --- |
| 7 7<br>+ 1 9<br>―――<br>8 16<br><br>8 8<br>+ 3 9<br>―――<br>l l l 7<br><br>자릿수를 고려하지 않고 답을 기입함 | • 수 모형(낱개 모형, 십 모형, 백 모형)을 이용해 낱개 모형이 10개가 되면 십 모형 1개로, 십 모형이 10개가 되면 백 모형 1개로 교환하게 해 자릿수 개념을 확인시킴<br>• 그림과 같은 틀을 주어 일의 자리부터 더해 첫째 줄의 네모 칸에 기입하고, 십의 자리를 더해 다음 줄의 네모 칸에 기입한 후 합을 구하게 함. 이때 네모 칸에는 숫자를 하나씩만 쓰도록 함<br><br>      8 8<br>  + 3 9<br>  □ □<br> □ □ □<br> □ □ □ |

## 4. 사칙연산

### (1) 덧셈 교수

① 기초 : 모으기, 수직선상의 표현
② 단계(Garnett) : 모-이-부-직

| 단계 | 설명 및 예시 |
|---|---|
|  | 두 수를 더할 때, 각 수를 1부터 센 다음, 이들을 합쳐서 다시 셈<br>예 4+3을 계산할 때, '1, 2, 3, 4 + 1, 2, 3'과 같이 셈 |
|  | • 두 수를 더할 때, 한 숫자에서 시작해서 더해지는 만큼 나머지 수를 셈<br>예 4+3을 계산할 때, '4+5, 6, 7'과 같이 셈<br>• 이어 세기의 초기 단계에서는 두 수의 크기와 상관없이 앞의 수를 기준으로 뒤의 수를 세는 방법을 사용하다가, 점차 발달하면서 두 수 중 큰 수를 변별하고 큰 수를 기준으로 나머지 수를 세는 방법을 사용함 |
|  | 직접 인출 단계 전에 나타나는 과도적 단계로, 학생이 직접 인출할 수 있는 덧셈식에서 추가적으로 필요한 계산을 더해서 계산하는 방법<br>예 6+7을 계산할 때, 6+6=12라는 정보를 장기기억에서 인출한 후, 6+7이 6+6보다 1만큼 크므로 1을 더해 13이라는 답을 산출함 |
|  | 두 수의 합을 계산과정을 거치지 않고 바로 장기기억에서 인출해 답하는 것<br>예 6+6을 계산할 때 바로 12라는 답을 산출함 |

③ 두 자릿수 이상의 덧셈 교수

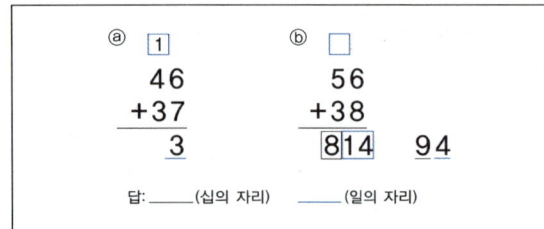

답: _____(십의 자리) _____(일의 자리)

㉠ 받아 올리는 수는 고정된 위치에 적도록 하거나 자릿수에 따라 색이 다른 네모 칸 제공 등
㉡ 세로줄, 격자표, 가림카드 등

### 더 알아보기 큰 가수를 기준으로 이어세기

• 덧셈식의 순서와 상관없이 효율적 순서로 연산 가능
• _____
• _____

### (2) 뺄셈 교수

① 기초 : 가르기, 수직선상의 표현
② 덧셈의 역관계에 기초해 자동화(가족 수)
③ 두 자릿수 이상의 뺄셈 교수

㉠ 반구체물을 활용해 받아 내림의 개념과 식 연결
㉡ _____
_____
㉢ 가림카드 등

### (3) 곱셈 교수

기초 : 묶어 세기 또는 건너뛰며 세기를 통한 _____의 개념 형성

### (4) 나눗셈 교수

기초 : 포함제와 등분제를 통한 _____의 개념 형성

① 포함제 : 어떤 수 안에 다른 수가 몇이나 포함되어 있는가를 구하는 것으로, '횟수'의 개념 → "~씩"
예 사탕 8개를 한번에 2개씩 먹으려고 합니다. 몇 번 먹을 수 있습니까?
② 등분제 : 어떤 수를 똑같이 몇으로 나누는가를 구하는 것으로 '개수'의 개념 → '똑같이 나누면'
예 풍선이 6개 있습니다. 두 사람이 똑같이 나누어 가지면 한 사람이 몇 개를 가지게 됩니까?

### (5) 기타 사칙연산 학습전략

| D |  |
|---|---|
| R |  |
| A |  |
| W |  |

| F |  |
|---|---|
| I |  |
| N |  |
| D |  |

## ✏ 형성평가

정답 및 해설은 동영상강의(유료)로 제공 ●

**01** 다음에서 설명하는 평가방법의 명칭을 쓰고, 사칙연산 오류 유형 4가지를 쓰시오.

> 교수 과정에서 학생이 보일 수 있는 오류를 예상하고, 각 오류 유형을 확인할 수 있는 문항을 개발하여 학생이 실제로 그 문항을 풀 기회를 제공하고, 필요하다면 그 과정을 밀착 관찰하는 평가방법이다.

**02** CSA 순서에 따라 지도할 때 이루어지는 교수활동의 특징을 각각 쓰시오.

**03** '수 세기 학습 전략' 중 '건너뛰며 세기'의 장점을 쓰시오.

**04** 다음 ⊙에 나타난 오류를 쓰고, 시각적 지도방법 1가지를 제시하시오.

| ⊙ | 3 5 2<br>− 7 1<br>3 8 1 | 3 4<br>− 1 8<br>2 6 |
|---|---|---|

**05** Garnett이 제시한 기초적인 덧셈 기술 학습 단계를 순서대로 쓰시오.

**06** '큰 가수를 기준으로 이어 세기'를 위해 필요한 선행지식 3가지를 쓰시오.

**07** 곱셈 개념을 지도할 때 사용하는 수 세기 전략 2가지를 쓰시오.

**08** 등분제의 개념을 설명하고, 등분제 개념이 갖는 의의를 1가지 쓰시오.

**09** FIND 자릿값 전략의 4단계를 순서대로 쓰시오.

**10** DRAW 단순계산 전략의 4단계를 순서대로 쓰시오.

**11** 다음 덧셈과 뺄셈에 적용된 원리를 쓰시오.

> ㉠ 사과 7개에서 5개를 먹으면 몇 개 남는가?
> ㉡ 귤 7개와 사과 5개 중 어느 것이 얼마나 많은가?
> ㉢ 빨간 구슬 5개와 흰 구슬 2개를 합치면 얼마인가?
> ㉣ 꽃병에 꽃이 5송이가 있다. 2송이를 더 꽂으면 꽃은
> 　모두 몇 송이인가?

**12** 다음에 나타난 학생의 곱셈 연산 오류를 쓰시오.

> 1) $23 \times 4 = 82$
> 2) $36 \times 2 = 62$
> 3) $24 \times 4 = 86$

# 학습장애 수학 교수(2)

## 04 각 영역별 수학 지도 방법(2)

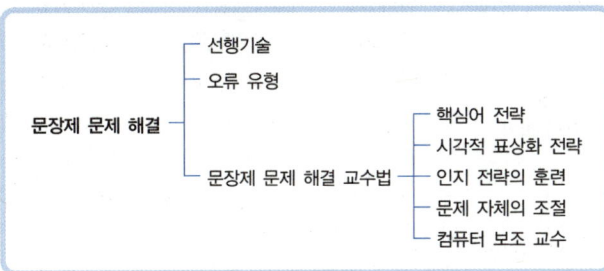

### 1. 문장제 선행기술 및 오류 유형

① 문제를 읽고 이해할 수 있어야 함

→ _____

② 문제해결에 적합한 수학적 식을 세울 수 있어야 함

→ _____

③ 식을 오류 없이 연산할 수 있어야 함

→ _____

### 2. 문장제 문제 해결 교수법

① _____ : 문장제 문제에 많이 등장하는 단어
(예 각각, 모두, 적게, 남은 것 등)와 적절한 연산을 연계
해 문제를 해결하는 방법

- 자칫 과잉일반화를 초래해 전체 문제의 맥락을
파악하는 대신 특정 단어에만 집중해 오답

→ _____

② _____ : 제시된 문제상황을 그림이나
도식으로 나타내 문제해결

㉠ 문제 유형 찾기

㉡ 문제의 정보를 표상 도식에 조직화하기

㉢ 문제해결 계획하기

㉣ 문제 해결하기

---

### 더 알아보기  STAR 전략

| 학습 활동 | 결정 기준 |
|---|---|
| Search | 문장제 문제를 살펴봄 |
| Translate | 문제의 단어를 그림 형태의 방정식으로 전환함 |
| Answer | 문제의 답을 구함 |
| Review | 해결방법을 검토함 |

- 덧셈과 뺄셈이 적용되는 문장제 문제의 유형

#### 변화형

어떤 대상의 수가 변화
하는 형태의 문제로, 시
작·변화량·결과의 관계
를 파악해야 하는 문제

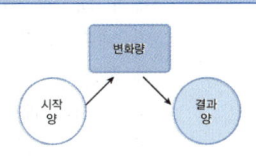

예 결과량 미지수(뺄셈) : 경미네 집에서는 빵을 235개 만
들어서 196개를 팔았습니다. 남은 빵은 몇 개입니까?

예 결과량 미지수(덧셈) : _____

_____

예 변화량 미지수(뺄셈) : _____

예 시작량 미지수(뺄셈) : _____

_____

#### 결합형

대상 간의 관계가 상위/
하위 관계 형태의 문제로,
상위 개념·하위 개념 1·
하위 개념 2의 관계를 파
악해야 하는 문제

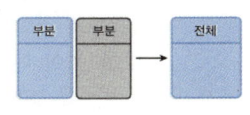

예 부분량 미지수(뺄셈) : 경화네 아파트 단지에 사는 사람
은 모두 5,346명인데, 그중에서 남자가 2,758명입니다.
경화네 아파트 단지에 사는 여자는 몇 명입니까?

예 전체량 미지수(_____) : _____

_____

| 비교형 |
|---|
| 두 대상 간의 차이를 비교하는 형태의 문제로, 비교 대상 1·비교 대상 2·차이의 관계를 파악해야 하는 문제 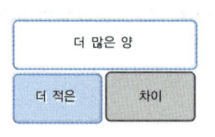 |
| 예 차이량 미지수(뺄셈): 훈이네 농장에서는 포도를 1,345kg 땄고, 현이네 농장에서는 976kg을 땄습니다. 훈이네는 현이네보다 포도를 몇 kg 더 땄습니까? <br> 예 비교 대상량 미지수(＿＿＿) : ＿＿＿＿＿＿＿＿＿＿ ＿＿＿＿＿＿＿＿＿＿＿＿＿＿＿＿＿＿＿ <br> 예 비교 기준량 미지수(＿＿＿) : ＿＿＿＿＿＿＿＿ ＿＿＿＿＿＿＿＿＿＿＿＿＿＿＿＿＿＿＿ |

• 곱셈과 나눗셈이 적용되는 문장제 문제의 유형

| 배수비교형 |
|---|
| 목적 대상을 비교 대상의 배수 값과 관련지어야 하는 문제로, 목적 대상·비교 대상·대상과 비교의 관계를 파악해야 하는 문제 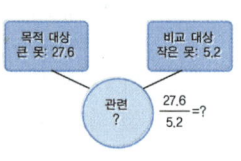 |
| 예 비교 대상량 미지수(＿＿＿) : 큰 못의 무게는 27.6g이고, 작은 못의 무게는 5.2g입니다. 큰 못의 무게는 작은 못의 무게의 약 몇 배입니까? <br> 예 비교 기준량 미지수(＿＿＿) : ＿＿＿＿＿＿＿＿ ＿＿＿＿＿＿＿＿＿＿＿＿＿＿＿＿＿＿＿ <br> 예 차이량 미지수(＿＿＿) : ＿＿＿＿＿＿＿＿＿＿ |

| 변이형 |
|---|
| 두 대상 간의 관계가 인과관계로 진술되어 있고, 이 둘 사이 인과관계 값 중 하나를 파악해야 하는 문제 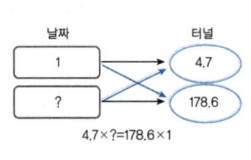 |
| 예 단위 수 미지수(나눗셈): 터널을 하루에 4.7m씩 뚫는다면, 터널 178.6m를 뚫는 데에는 며칠이 걸립니까? <br> 예 전체 양 미지수(＿＿＿) : ＿＿＿＿＿＿＿＿＿＿ <br> 예 단위당 양 미지수(＿＿＿) : ＿＿＿＿＿＿＿＿＿＿ ＿＿＿＿＿＿＿＿＿＿＿＿＿＿＿＿＿＿＿ |

## 3. SOLVE IT 전략

① 문제해결 과정을 다단계로 세분화해 사고과정을 안내하는 ＿＿＿＿과, 자기조정 과정의 ＿＿＿＿을 함께 사용

② 인지 전략 단계

| 인지 전략 단계 | 자기조절 초인지 전략 | | |
|---|---|---|---|
| | 말하기 (자기교시) | 묻기 (자기질문) | 점검하기 (자기점검) |
| 1. 문제 읽기 | "문제를 읽자. 이해하지 못하면 다시 읽자." | "문제를 읽고 이해했는가?" | 문제를 풀 수 있을 만큼 이해했는지 점검하기 |
| 2. 문제를 자신의 말로 고쳐 말하기 | "중요한 정보에 밑줄을 긋자. 문제를 나의 말로 다시 말해 보자." | "중요한 정보에 밑줄을 그었는가? 문제가 무엇인가? 내가 찾는 것은 무엇인가?" | 문제에 있는 정보 확인하기 |
| 3. 그림이나 다이어그램으로 문제를 표상하기 | "그림이나 다이어그램을 만들자." | "그림이 문제에 적합한가?" | 그림이 문제 속 정보와 비교해 어긋나는지 점검하기 |
| 4. 문제의 해결 계획 세우기 | "필요한 단계와 연산기호를 결정하자." | "만약 내가 ~을 한다면 답을 얻을 수 있는가? 다음에 해야 할 것은 무엇인가? 몇 단계가 필요한가?" | 계획이 잘 세워졌는지 점검하기 |
| 5. 답을 어림해 보기 | "어림수를 찾아 머릿속으로 문제를 풀고 어림값을 쓰자." | "올림과 내림을 했는가? 어림수를 썼는가?" | 중요한 정보를 사용했는지 점검하기 |
| 6. 계산하기 | "정확한 순서대로 계산하자." | "내가 한 답은 어림값과 비교하여 어떠한가? 답이 맞는가? 기호나 단위를 잘 썼는가?" | 모든 계산이 올바른 순서대로 이루어졌는지 점검하기 |
| 7. 모든 과정이 옳은지 점검하기 | "계산을 점검하자." | "모든 단계를 점검했는가? 계산을 점검했는가? 답은 맞는가?" | 모든 단계가 맞는지 점검하기, 만약 틀렸다면 다시 하기, 필요한 경우 도움을 요청하기 |

## ✏ 형성평가

정답 및 해설은 동영상강의(유료)로 제공 ●

**13** 문장제 문제해결을 위해 갖추어야 할 능력(선행기술)을 3가지 쓰시오.

**14** 문장제 문제해결 교수법 중 핵심어 전략을 간략히 설명하고, 해당 전략을 과잉일반화하였을 경우 학생이 범할 수 있는 수학적 오류를 1가지 쓰시오.

**15** 다음에 해당하는 문장제 문제의 유형을 각각 쓰시오.

> (ㄱ) 영희네 학교 학생들은 모두 824명이다. 학생들 중 445명은 여학생이다. 남학생은 모두 몇 명인가?
> (ㄴ) 민영이는 6개의 골프공을 가지고 있다. 개남이가 민영이에게 8개의 공을 더 주었다. 민영이가 가지고 있는 골프공은 몇 개인가?

**16** 다음의 문장제 문제 유형을 변화형 뺄셈 문장제 문제(① 변화량 미지수, ② 시작량 미지수)로 각각 만들어 쓰시오.

> 동물원에 조랑말 17마리, 얼룩말 8마리가 있습니다. 말은 모두 몇 마리 있을까요?

**17** 다음의 문장제 문제 유형을 쓰고, 해당 문장제 문제를 전체양 미지수 문제로 바꾸어 쓰시오.

> 은호가 인터넷 데이터를 하루에 0.7GB 사용한다면, 인터넷 10.5GB를 사용하는 데에는 며칠이 걸립니까?

**18** 표상교수의 문제해결 전략 절차를 순서대로 쓰시오.

**19** SOLVE IT 전략의 특징을 1가지 쓰고, ㉠~㉤에 해당하는 단계를 쓰시오.

| 단계 | 자기교시 | 자기점검 |
|---|---|---|
| 문제 읽기 | … | … |
| 문제를 자신의 말로 고쳐 말하기 | ( ㉢ ) | … |
| ( ㉠ ) | … | … |
| 문제의 해결 계획 세우기 | … | … |
| 답을 어림해 보기 | … | … |
| 계산하기 | … | ( ㉤ ) |
| ( ㉡ ) | ( ㉣ ) | … |

**20** 전자계산기 사용 시 주의사항을 쓰시오.

# Chapter 06 학습장애 내용교과 교수

> [학습목표] 내용교과 학습을 위한 그래픽 조직자, 학습 안내지, 기억 전략의 개념과 구체적인 전략을 설명할 수 있다.

## 01 그래픽 조직자

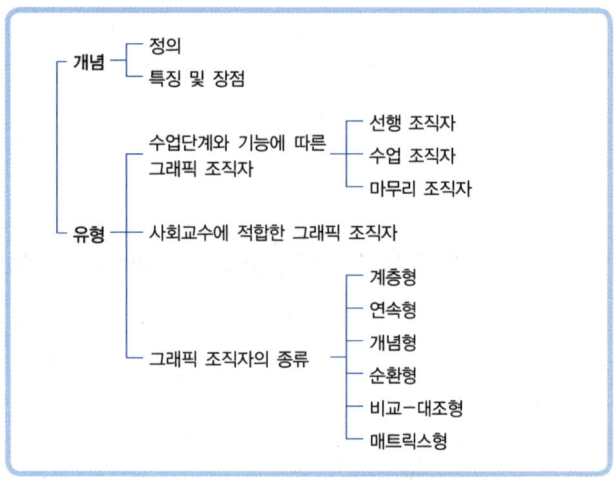

① 개념 : 시각 및 공간적 표현방법을 활용해 교재의 내용을 조직적으로 파악하고 이해하도록 도움

② 장점

㉠ _____

㉡ _____

③ 수업단계와 기능에 따른 그래픽 조직자

| | |
|---|---|
| | • 수업 준비를 위해 활용<br>• 수업 시작 전 제시되고, 교수에 대한 정보를 제공<br>• _____ |
| | • 수업 중 제시하는 내용의 구조나 핵심사항 강조<br>• 개념도와 같은 표나 그래픽 조직자를 활용하거나, 학습지침의 형태를 빌어 학습을 도움 |
| | • 교수의 마지막에 제공<br>• 해당 수업에서 다룬 핵심사항을 _____ 하거나 _____하는 자료로 사용 |

## ④ 그래픽 조직자의 종류(학습장애총론)

| 유형 | 도식의 형태 예시 |
|---|---|
| 계층형 | 하나의 개념으로 시작해 그 개념 아래 몇 개의 등급 또는 수준을 포함함. 즉, 하나의 개념 아래 몇 개의 뚜렷한 등급 또는 수준들을 선형적으로 제시함 |
| 개념형 | 하나의 주요 개념과 그 개념을 지원하는 사실, 증거 또는 특성들을 포함함. 즉, 한 단어나 구절로 표현된 하나의 주요 개념으로 시작해 이를 지원하는 생각들(즉, 사실·증거 또는 특성들)이 주요 개념에서 파생된 것으로 묘사됨 |
| 연속형 | |
| 순환형 | |
| 비교-대조형 | |
| 매트릭스형 | |

## 02 학습 안내지

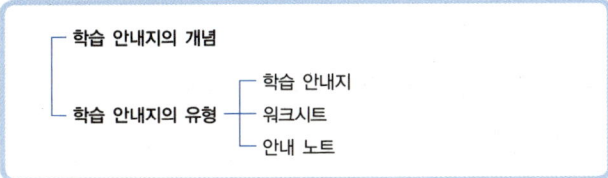

① **정의**: 교과서의 중심내용이나 주요 어휘 등의 학습을 돕기 위해 제작한 학습지

② **유형**

| | |
|---|---|
| 학습 안내지<br>(학습지침) | 교과서의 중심내용 및 주요 어휘에 관한 _____(예 단답형, 연결형, 빈칸 채우기, 질문에 답하기, 그래픽, 도식 채우기 등의 다양한 양식을 활용할 수 있음)으로 구성된 학습지 |
| 워크시트 | • 내용교과의 중심내용 및 주요 어휘에 관한 _____를 제시함<br>• 중심내용이 적힌 아웃라인에서 핵심 단어들을 빈칸으로 제시해 학생이 수업을 들으면서 빈칸을 채우도록 할 수 있음 |
| 안내 노트 | • 수업시간에 다룰 중심내용 및 주요 어휘 등에 관한 개요와 학생이 _____ 할 수 있는 공간을 넣어 작성한 학습지로, _____<br>• 장점<br> − _____<br> − _____<br> − _____ |

## 03 기억 전략

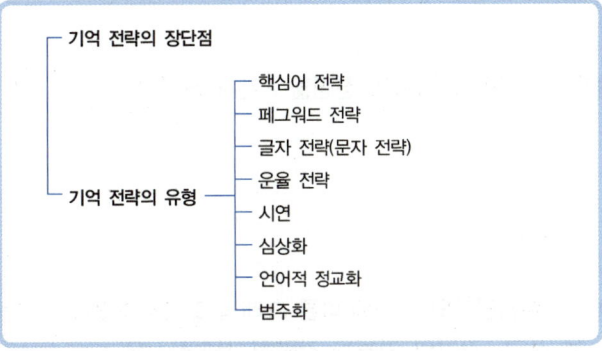

① **핵심어 전략(키워드 전략)**: 이미 학습한 용어·개념과 이와 _____으로 유사한 정보를 연결시켜 정보의 회상을 돕는 전략 + _____를 활용 가능

② **페그워드 전략(말뚝어법)**: _____에 맞게 외워야 하는 내용을 학습할 때 사용하는 것으로, 페그워드는 _____와 비슷하게 발음하는 쉬운 단어들을 의미함
> 예 하나 하면 할머니가 지팡이 짚고서 잘잘잘, 둘 하면 두부장수가 두부를 판다고 잘잘잘

③ **글자 전략(문자 전략)**

| | |
|---|---|
| | 기억하고자 하는 각 단어의 앞 글자를 따서 암기<br>• **축소형**: 앞 글자를 딴 결과물이 의미 없는 단어 예 수금지화목토천해<br>• **정교형**: 앞 글자를 딴 결과물이 의미 있는 단어 예 SOLVE IT |
| | 기억하고자 하는 각 단어의 앞 글자로 시작하는 단어를 조합해 어구(구나 문장)를 만들어서 암기<br>예 (우)리 (사)랑하(게) 해주세요! |

④ **운율 전략**: 정보를 쉽게 회상하기 위해 리듬이나 음악을 사용하는 전략

⑤ **시연**: 주어진 정보를 단순히 반복해 되뇌는 방법

⑥ **심상화**: 사물에 대한 기억을 마음속에 영상화해 기억하는 전략

⑦ **언어적 정교화**: 주어진 자료의 내용을 보다 의미 있는 단위로 만들어서 기억하거나 회상하는 전략

⑧ **범주화**: 주어진 정보를 공통된 속성에 따라 분류해 기억하는 전략

## ✎ 형성평가

정답 및 해설은 동영상강의(유료)로 제공 ●

**01** 그래픽 조직자의 장점을 2가지 쓰시오.

**02** 수업단계와 기능에 따른 그래픽 조직자의 3가지 유형을 쓰고, 각각의 기능을 간략히 서술하시오.

**03** 다음에서 김 교사가 계획한 수업내용에 적합한 그래픽 조직자의 유형을 순서대로 쓰시오.

| ㉠ | • 물질의 순환<br>• 먹이사슬 |
|---|---|
| ㉡ | 이야기 속 인물 간 관계 |
| ㉢ | • 정부 조직도<br>• 동식물의 종 분류 |
| ㉣ | • 문제해결과정<br>• 역사적 사건의 발발 및 촉발 요인 |

**04** 학습 안내지(study guide)의 개념을 서술하시오.

**05** 안내 노트가 아래의 특성을 보이는 학생에게 유용한 이유를 각각 쓰시오.

> • 수업내용을 요약하는 데 어려움이 있음
> • 글자를 쓰는 데 많은 노력이 필요함

**06** 기억전략의 한계점을 2가지 쓰시오.

**07** 핵심어 전략의 절차 3가지 명칭을 쓰고, 서술하시오.

**08** 핵심어 전략과 페그워드 전략의 차이점을 쓰시오.

**09** 범주화 전략의 지도방법을 서술하시오.

**10** 다음에 제시된 기억전략의 유형을 각각 쓰시오.

> (ㄱ) 정보의 회상을 돕기 위해 리듬이나 음악을 사용함
> (ㄴ) 기억하고자 하는 단어들의 앞 글자 단어들을 조합하여 문장으로 만듦
> (ㄷ) 기억해야 할 단어들의 앞 글자를 이용하여 의미 있는 단어를 만듦

# Chapter 07 효과적인 교수방법

학습목표 직접교수의 정의·특징·단계와 정밀교수의 정의·장점을 이해하고, 설명할 수 있다.

## 01 교사 주도적 교수방법

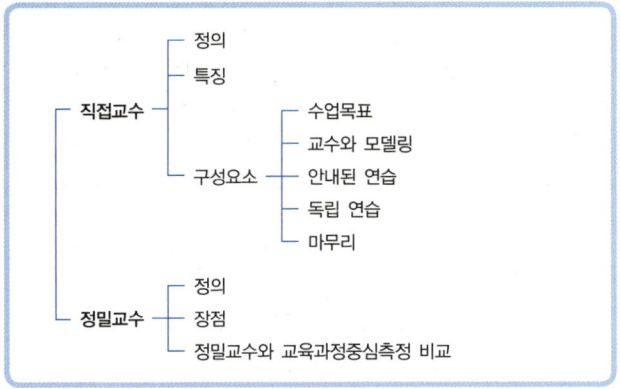

### 1. 직접교수

① 정의 : 교수·학습목표 달성을 위해 _____과 _____를 제공하는 교수

② 특징

　㉠ _____

　㉡ _____

　㉢ 학습 진도를 빠르게 진행함

　㉣ 학습과제는 명확하며, 산만해서는 안 됨

　㉤ 학생의 인지능력보다 _____에서 질문함

③ 구성요소

| 수업목표 | 관찰 및 측정 가능한 행동, 행동이 발생할 조건, 수용 가능한 행동 수행을 위한 기준의 세 가지 요소를 모두 포함해야 함 |
|---|---|
| 교수와 모델링 | 교수목표에서 요구하는 행동을 구체적으로 제시함<br><br>🖋 **모델링의 유형**<br>• **행동주의적 모델링** : 기술의 실제 시연 (시범)<br>• **인지주의적 모델링** : 시범 보이는 사람의 사고과정을 이해할 수 있도록 자기대화를 제공하는 것 |
| | 학생이 해당 기술을 교사와 함께 연습하는 전략으로, 교사는 질문하고, 연습이 부족해 발생하는 실수를 확인하며, 오류를 정정하고 필요한 경우 재교수를 실시함 |
| | 독립적으로 과제를 수행하도록 기대되며, 교사의 피드백이 안내된 연습에서처럼 빠르게 제공되지는 않음 |
| 마무리 | 학습내용을 요약하고 검토함 |

### 2. 정밀교수

① 정의 : 교수방법이 아닌 _____으로 일일 단위로 매일 학생 진전을 직접 측정하는 기법

② 장점

　㉠ 교사 측면 : _____

　㉡ 학생 측면 : _____

## 02 학생 주도적 교수방법

┌ 상보적 교수
└ 자기점검 전략 ┬ 개념
　　　　　　　　 └ 적용 절차

# 효과적인 학습전략 프로그램

학습목표 전략중재모형의 정의를 이해하고, 8단계 과정을 체계적으로 설명할 수 있다.

## 01 과정중심 교수법

┌ 개념
└ 절차

## 02 통합전략 교수법

┌ 개념
└ 절차

## 03 전략중재모형

┌ 개념
├ 요소
└ 절차

① 정의: 중등학교에 재학 중인 학습장애 학생을 위해
_____와 같은 전반적
인 학습활동의 성공을 위한 구체적 학습전략을 지도

② 단계

| 단계 | 교수·학습활동 |
|---|---|
| 1. 사전 검사 및 약속 | 학생으로부터 전략을 배우겠다는 약속을 받아 내고, 교사는 학생이 전략을 배울 수 있도록 돕겠다는 약속을 함 |
| 2. 설명 | • 교사는 학생에게 전략에 대해 상세하게 설명해줌. 예를 들어, _____ (paraphrasing strategy)에서는 학생에게 문단을 읽도록 하고, 중심 문장과 보조 문장이 무엇인지 질문을 하도록 하며, 자신의 말로 중심 내용과 세부 내용을 말하도록 함 |
| | • 이 과정에서 교사는 학생과 각 단계에 대한 토론을 하며, 자기 조절을 강조하고, 전략이 어떻게 학생 자신의 학습과 수행을 개선하게 될 것인지에 대해 깨달을 수 있도록 함 |
| 3. 시범 | • 교사는 큰 소리로 학생에게 인지 전략에 대해 설명함. 교사는 전략의 인지적 측면을 설명하기 위해 _____(think aloud)를 사용함<br>• 교사는 이 단계에서 학생들이 전략을 사용할 때 무엇을 생각해야 하는지를 큰 소리로 말해주고, 내현적 사고와 외현적 행동을 동시에 시범 보임. 교사의 시범이 끝난 다음, 학생들은 전략을 내현적 및 외현적 과정에 따라 점진적으로 사용하도록 함 |
| 4. 구두 연습 | 학생이 전략 절차에 대해 이해하고 기억하도록 하기 위함<br>— _____ : 전략 목적, 전략이 어떻게 도움이 되는지, 전략을 사용할 때 포함되어야 하는 과정이 무엇인지를 질문하고 설명하도록 함<br>— _____ : 학생이 전략 단계를 기억해 100% 정확하게 빠른 속도로 전략의 단계를 말할 수 있도록 함 |
| 5. 통제된 연습과 피드백 | • 학생이 배운 전략을 연습할 수 있도록 실제 학년 수준에서 약간 쉬운 교재와 숙제에 배운 전략을 적용할 수 있도록 기회를 제공함. 이 단계를 통해 학생은 전략에 대한 절차적 기법에 집중하고, 전략을 다른 과제에 적용하면서 자신감과 유창감을 얻을 수 있게 됨<br>• 이 모든 단계에서 교사는 학생의 수행에 대해 피드백을 제공함 |
| 6. 진보된 연습과 피드백 | • 학생이 배운 전략을 연습할 수 있도록 실제 학년 수준에 맞는 교재와 숙제를 제시해 학생의 도전감을 유도하고 실제 학생의 요구에 부합하도록 함<br>• 이 과정에서 교사는 피드백을 통해 학생에게 도움을 제공해야 함 |

| 7. 사후 검사 및 일반화를 위한 약속 | 교사는 사후 검사를 실시해 학생이 완전학습을 했으면 칭찬해주고, 그렇지 않으면 추가적인 연습을 실시하고 다시 사후 검사를 실시함. 그다음에 학생과 교사는 장소와 상황, 그리고 시간에 따라 배운 전략을 일반화하겠다는 약속을 함 |
|---|---|
| 8. 일반화 | • 학생이 배운 전략을 교실 상황 외에 실제 상황에 적용하도록 함<br>• 일반화 단계에는 오리엔테이션, 활동, 적응, 유지 등 4개의 세부 단계가 있음<br>　－ 오리엔테이션 단계: 교사는 학생들에게 일반화의 개념에 대해 소개하고, 전략을 일상적인 생활에 적용하는 것이 얼마나 중요한지 설명함. 그리고 난 후 학생들은 언제, 어디서, 어떻게, 왜 전략을 사용해야 하는지를 결정하게 됨<br>　－ 활동 단계: 교사는 학생들에게 일반화가 요구되는 과제를 주고 학생들의 수행을 점검함<br>　－ 적응 단계: 학생들이 배운 전략을 사용할 때, 학생들로 하여금 그들이 사용한 인지 전략을 다양하게 생각해 보도록 함. 교사는 학생들이 자신의 인지 전략을 새롭고 다양한 상황에 맞는 전략으로 바꾸고 이에 적용하도록 지도함<br>　－ 유지 단계: 전략의 사용에 대해 주기적으로 점검함 |

## 04 시험보기 전략

```
┌ FORCE 전략
├ SCORER 전략
├ PIRATES 전략
├ DETER 전략
└ SNOW 전략
```

### 1. FORCE 전략

|  | 단계 | 설명 |
|---|---|---|
| 1 | Force out | 시험에서 다루게 될 것과 질문의 유형이 무엇인지 찾아냄 |
| 2 | Organize | 공부에 필요한 모든 자료를 수집해 정리함 |
| 3 | Review the material | 자료를 복습함 |
| 4 | Concentrate and make a cue sheet | 집중하고 큐시트를 만듦 |
| 5 | Early exam | 반복하거나 짝이 질문하게 해 시험을 연습함 |

### 2. SCORER 전략

|  | 단계 | 설명 |
|---|---|---|
| 1 | Schedule time | 시간을 계획함 |
| 2 | Clue words, look for | 단서를 주는 단어를 찾음 |
| 3 | Omit difficult questions |  |
| 4 | Read carefully | 주의 깊게 읽음 |
| 5 | Estimate answers | 정답을 추정함 |
| 6 | Review your work | 자신의 답안을 검토함 |

### 3. PIRATES 전략

| | 단계 | 설명 |
|---|---|---|
| 1 | Prepare to succeed | 성공하도록 준비함 |
| 2 | Inspect the instruction | 지시사항을 점검함 |
| 3 | Read, remember, reduce | 질문을 읽고, 정보를 기억하고, 줄임 |
| 4 | Answer or abandon | |
| 5 | Turn back | 다시 돌이감 |
| 6 | Estimate | 답을 추정함 |
| 7 | Survey | 답을 제대로 했는지 훑어봄 |

### 4. DETER 전략

| | 단계 | 설명 |
|---|---|---|
| 1 | Directions, read them | 질문을 속독함 |
| 2 | Examine the test | 시험지를 살펴봄 |
| 3 | Time, check it | 시간을 점검함 |
| 4 | Easy ones first | |
| 5 | Review | 나의 답안을 검토함 |

### 5. SNOW 전략

| | 단계 | 설명 |
|---|---|---|
| 1 | Screen the question | 질문을 속독함 |
| 2 | Note important points | 중요한 점을 메모함 |
| 3 | Organize important information before writing | 쓰기 전에 중요한 정보를 조직화함 |
| 4 | Write directly to the point of the question | 질문의 요지에 따라 씀 |

## 형성평가

정답 및 해설은 동영상강의(유료)로 제공 ●

**01** 직접교수에서 교사 질문의 수준을 쓰고, 직접교수의 단계 중 '안내된 연습' 단계에서 교사의 역할을 쓰시오.

**02** 직접교수에서 수업목표에 포함되어야 할 3가지 요소를 쓰시오.

**03** 직접교수에서 교사가 사용하는 모델링의 유형 중 인지적 모델링 기법을 설명하시오.

**04** 정밀교수의 개념을 서술하고, 학생 측면과 교사 측면의 장점을 각각 1가지 쓰시오.

**05** 정밀교수와 CBM 검사의 차이점을 서술하시오.

**06** 전략중재모형의 단계를 쓰고, 각 단계를 간략히 설명하시오.

# 학습장애 사회성 교수

학습목표 ① 사회적 타당도에 따른 사회적 기술 평가방법을 3가지 유형으로 분류하고, 각 유형에 속한 평가방법들의 개념과 장단점을 설명할 수 있다. ② 상황 맥락적 사회적 기술 프로그램의 2가지 유형을 설명할 수 있다.

## 01 사회성의 정의 및 구성요소

```
┌ 사회성의 정의
├ 사회성의 구성요소
└ 사회성 결함의 원인에 대한 관점
```

### 1. 사회적 능력

사회적 능력(사회성)은 주어진 상황에서 사회적 기술을 사용해 사회적 과제를 얼마나 성공적으로 해결할 수 있는지에 대한 종합적이고 전반적인 평가이며, 적절한 대인관계를 형성하는 능력 전반을 지칭함

### 2. 사회성의 구성요소

| 긍정적 대인관계 | 친구 및 성인과 얼마나 잘 지내는지에 대한 개념으로, 학생이 사회적으로 얼마나 잘 수용되는지를 판단하는 중요한 기준 |
|---|---|
| 사회인지 | 자아에 대한 인식(자아 개념)과 사회적 상황에 대한 인식 및 사회적 정보 파악 등을 포함하는 개념 |
| 문제행동 | 사회 적응을 방해하는 부적절한 행동을 의미하며, 사회성 측면에서 긍정적인 평가를 받기 위해서는 부적절한 문제행동을 보이지 않아야 함 |
| 사회적 기술 | 사회적 과제를 성공적으로 수행하기 위해 사용하는 구체적이고 관찰 가능한 행동 |

## 02 사회적 기술의 평가(사회적 타당도)

```
        ┌ 지명도 측정법(교우관계도)
Type Ⅰ ┤
        └ 사회적 거리 추정법
        ┌ 직접 관찰법
Type Ⅱ ┤
        └ 행동 간 기능적 연쇄성 분석법
        ┌ 자기보고법(서술형)
Type Ⅲ ┤
        └ 행동평정척도
```

＊ 사회적 타당도 : _____

### 1. Type Ⅰ

① _____ : 특정 집단에서 가장 좋아하는 친구 몇 명과 가장 싫어하는 친구 몇 명을 우선순위에 따라 지목하고, 그 결과에 따라 교우도를 작성함

ㄱ 대상아동이 또래에게 어떻게 인지되고 있는지 (인기아동, 거부아동, 논란아동, 무관심한 아동으로 또래 지위 결정됨)

ㄴ 단점
  • _____
  • _____
  • _____

② _____ : 한 학생이 모든 학생에게 반응할 수 있도록 하는 방법으로, 주어진 집단을 어떻게 받아들이고 있느냐 하는 것뿐만 아니라 그 집단이 해당 학생을 어떻게 인정 혹은 배척하는지의 정도를 분석할 수 있음 → 사회적 역동성 파악

ㄱ 방법 : 자신을 제외한 다른 학생들을 '얼마나 좋아하는지' 평정하도록 하고, 각 아동별로 평균적으로 몇 점을 받았는지 계산해 각 아동의 친구 수용도를 평가함

ㄴ 장점 : _____

ㄷ 단점 : _____

## 2. Type II

① _____ : 구조화된 환경 또는 비구조화된 환경에서 관찰

② _____ : 선행사건과 후속사건의 맥락과 문제를 파악한 후 문제의 원인을 규명해 문제를 일으키거나 유지하는 자극과 반응 사태를 변화시켜 해당 문제를 해소하는 방법으로, 평가 자료에 근거해 문제의 지도방법을 제시

## 3. Type III

① **서술형 자기보고법** : 서면이나 면대면 인터뷰를 통해 사회적 기술과 관련한 자기 상태를 표현하는 방법

② **행동평정척도** : 아동 자신, 또래, 부모 혹은 교사가 사회적 기술의 정도를 3점/5점/7점 등의 행동평정척도로 평정하는 방법

## 03 상황 맥락적 사회적 기술 프로그램

┌ FAST 전략
└ SLAM 전략

상황 맥락 중재는 학교·가정·또래관계 등의 상황 맥락 안에서 필요한 사회적 기술을 선택하고, 선택된 상황 맥락에서 사회적 기술을 가르칠 것을 강조함

① FAST 전략

| 단계 | 내용 |
|---|---|
| 1. Freeze & think | 멈추고 생각하라. |
| 2. Alternatives | 대안을 생각하라. |
| 3. Solutions | 해결방안을 탐색하라. |
| 4. Try it | 시도하라. |

② SLAM 전략 : 타인에게 부정적 피드백을 받았을 때 적절하게 반응하는 방법을 지도하는 전략

| 단계 | 내용 |
|---|---|
| 1. Stop | 멈추라. |
| 2. Look | 보라. |
| 3. Ask | 질문하라. |
| 4. Make | 적절히 반응하라. |

PART
03

## ✎ 형성평가

정답 및 해설은 동영상강의(유료)로 제공 ●

**01** 김 교사는 통합학급 내에서 장애학생의 사회적 기술 훈련 효과를 검증하기 위해 훈련 전후에 '지명도 측정법'을 실시하였다. 하지만 학생의 사회적 행동이 개선되었음에도 불구하고 측정 결과상으로는 유의미한 변화가 나타나지 않았다. 그 이유를 서술하시오.

**02** 지명도 측정법의 실시목적을 쓰시오.

**03** 다음 빈칸에 들어갈 유형을 쓰시오.

> 지명도 측정법의 단점 중 하나는 ( ㉠ )와/과 ( ㉡ )을/를 명확하게 구별하지 못한다는 점이다. 왜냐하면 두 유형 모두 또래들로부터 긍정적인 지명을 거의 받지 못하기 때문에 점수상으로는 비슷하게 나타날 수 있기 때문이다.

**04** 다음은 사회적 기술 평가방법 중 하나이다. 이 평가 방법의 명칭을 쓰고, 지명도 측정법과 비교했을 때 가지는 장점 한 가지를 서술하시오.

> 한 학생이 학급의 다른 모든 학생을 '얼마나 좋아하는지' 리커트 척도(예 1점~4점) 등을 사용하여 평정하게 함으로써, 해당 학생이 집단을 어떻게 받아들이고 있는지와, 집단이 해당 학생을 어떻게 수용하는지를 파악한다.

**05** 다음은 교사가 행동 평정 척도를 사용하여 학생의 사회적 기술을 평가할 때 나타날 수 있는 오류에 대한 설명이다. 밑줄 친 ⓐ와 ⓑ에 해당하는 오류의 명칭을 쓰시오.

> 행동 평정 척도는 짧은 시간에 많은 행동을 조사할 수 있다는 장점이 있지만, 평가자의 주관이 개입될 여지가 있다. 예를 들어, ⓐ 평가자가 특정 학생의 학업 성적이 우수하다는 긍정적인 인상을 바탕으로, 그 학생의 사회적 기술 점수도 실제보다 높게 평가하는 경향이 나타날 수 있다. 또한 ⓑ 평가자가 잘 모르는 학생이거나 애매한 문항일 경우, 극단적인 점수를 피하고 중간 점수를 주는 경향이 나타나기도 한다.

**06** 자기보고법은 아동의 인지적 과정이나 태도를 파악할 수 있다는 장점이 있지만, 사회적 타당도와 관련하여 결정적인 한계를 가진다. 그 한계에 대해 서술하시오.

**07** 다음은 사회적 상황 맥락에서 부정적인 피드백을 받았을 때 적절하게 반응하는 방법을 가르치는 전략의 단계이다. 괄호 안에 들어갈 단계명과 그 내용을 바르게 연결하여 쓰시오.

| Stop(멈추라) | 무슨 활동을 하고 있든지 중단하고, 기분 나쁜 말을 들었을 때는 멈추고, 호흡을 깊게 한 다음 그저 담담하게 듣는다. |
|---|---|
| Look(보라) | 상대방의 얼굴을 똑바로 쳐다본다. |
| ( ㉠ ) | ( ㉡ ) |
| ( ㉢ ) | ( ㉣ ) |

**08** 사회적 상황에서 문제 해결을 돕는 FAST 전략의 절차 중 'S' 단계에서 학생이 스스로에게 던져야 할 질문을 2가지 서술하시오.

김은진
스페듀
합격노트
Vol. 2

Special Education

PART

# 04

# 전환교육

# Chapter 01 전환교육의 이해

장애학생의 전환성과 3가지와 전환교육의 정의 및 근거를 설명하고, 개별화 전환교육계획의 수립 및 운영방안을 체계적으로 설명할 수 있다.

## 01 전환교육의 이해

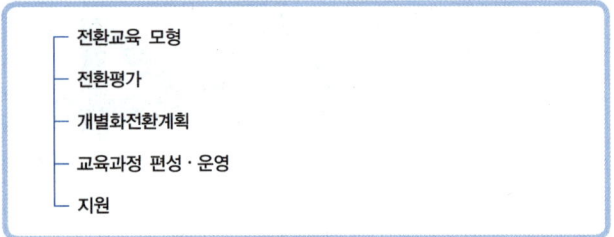

```
─ 전환교육 모형
─ 전환평가
─ 개별화전환계획
─ 교육과정 편성·운영
─ 지원
```

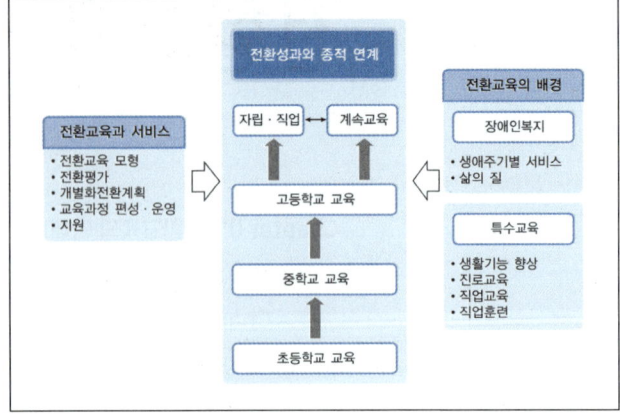

## 02 전환성과

### 1. 자립

① 가정, 학교, 직장 등 지역사회 구성원으로서 독립적이고 주도적으로 살아가는 데 필요한 역량

② 6개의 하위 영역 : _____

### 2. 직업

① 자신에 대한 이해와 직업세계에 대한 탐색을 바탕으로 자신에게 적합한 직업을 선택하고, 직업인으로서의 생활을 유지하는 데 필요한 역량

② 3개의 하위영역

| |
|---|
| 자신의 특성에 대한 이해를 기반으로 직업의 역할과 다양한 직업의 유형을 탐색하는 활동<br>예 자기이해, 직종의 탐색, 직업훈련 및 취업기관의 탐색, 직업정보 수집 등 |
| 직무에서 요구되는 작업활동에 필요한 기본적인 능력과 태도<br>예 기초학습능력, 신체능력, 도구사용능력, 컴퓨터활용능력, 과제의 신속성 및 정확성 등 |
| 직업을 갖고 난 이후 직업인으로 생활하는 데 필요한 능력을 기르기 위해 학교생활에서 기를 수 있는 태도<br>예 시간 및 규칙 준수, 맡은 일 완수, 동료와 협력 등 |

### 3. 계속교육

① 정규 교육과정 이후에 사회에서 자립할 수 있도록 생애주기에 따른 교육을 제공해 교육기회 제공 및 형평성 보장 차원에서 보장되어야 하는 보편적 교육

② 유형 : _____

## 03 전환교육의 정의와 근거

```
─ 전환교육의 정의
─ 「장애인 등에 대한 특수교육법」
─ 전환교육과 특수교육 교육과정(2022)
```

### 1. 전환교육의 정의

① 전환 : 한 가지 상태 혹은 조건에서 다른 상태나 조건으로 옮겨감을 의미

② 전환의 유형

　　㉠ _____ : 생활연령과 관련해 다음 연령의 시기로 이동

　　㉡ _____ : 지금까지와는 다른 상황으로의 이동

③ 전환교육 : _____과 _____의 개념을 모두 포괄하는 것으로, 학교에서의 교육과정뿐 아니라 학교 이후의 원활한 이동을 돕는 성과 중심의 일련의 지원활동

## 2. 특수교육법

① 제2조(정의)

② 제23조(진로 및 직업교육의 지원)

③ 제24조(전공과의 설치·운영)

## 3. 특수교육 교육과정

① 기본 교육과정 '실과'

② 기본 교육과정 '진로와 직업'

③ 선택 중심 교육과정 '특수교육 전문교과(직업·생활)'

## 04 개별화 전환교육계획(ITP)

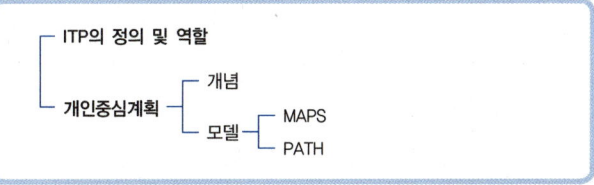

ITP의 정의 및 역할

개인중심계획 ─ 개념

　　　　　　└ 모델 ─ MAPS
　　　　　　　　　　└ PATH

① 정의 : 장애학생의 학교에서 지역사회의 주거생활, 직업생활, 사회생활, 여가생활로의 전환을 지원할 수 있도록 학교 안에서 이루어지는 일련의 교육서비스의 내용 및 방법을 계획하는 것

② 의의 : 학생의 교육 프로그램과 학교 이후의 목표가 일치되도록 만드는 도구의 역할

③ ITP 수립을 위해 _____ 활용

　　㉠ 학생중심 전환계획 과정을 촉진하는 한 방법

　　㉡ 장애인 당사자 참여 + 주변인 협력

　　㉢ 가치중심적 접근

　　㉣ 모델 : MAPS, PATH 등

## 🖊 형성평가

**01** 전환교육의 개념을 서술하시오.

**02** 전환의 2가지 유형을 쓰고, 간략히 서술하시오.

**03** 개인중심계획의 특징 3가지를 쓰시오.

**04** 개인중심계획 모델 중 PATH의 목적을 쓰시오.

**05** 자립 역량의 6개 하위영역 중 다음 설명에 해당하는 영역의 명칭을 쓰시오.

> • 식사, 청소, 빨래, 기기 사용 등 가정 내 집안일 처리 능력 ( ㉠ )
> • 이동, 교통수단 및 공공기관 이용 등 지역사회 구성원 기술 ( ㉡ )
> • 현금과 카드 사용, 용돈 관리, 은행 거래 등 필수 능력 ( ㉢ )

**06** 직업의 하위영역인 '직업기능'과 '직업생활'의 차이점을 서술하시오.

**07** 계속교육의 정의와 목적에 대한 설명으로 옳은 것에 모두 'O' 표시 하시오.

> • (      ) 고등학교 졸업 후에 받게 되는 교육 프로그램을 뜻하기도 함
> • (      ) 정교 교육과정 이전에만 제공되는 한시적인 교육임
> • (      ) 대학교육이나 평생교육을 통해 자립과 직업의 성과를 높일 수 있음

**08** 전환교육의 핵심 원리인 '개인중심계획'이 기존의 전문가 중심 계획과 차별화되는 가장 큰 특징은 무엇인지 쓰시오.

**09** 다음은 「장애인 등에 대한 특수교육법」에 제시된 '진로와 직업교육'에 대한 설명이다. ㉠ · ㉡에 해당하는 용어를 쓰고, ㉠ · ㉡에 해당하는 구체적인 교육활동의 예시를 각각 2가지씩 쓰시오.

> 진로 및 직업교육이란 특수교육대상자의 학교에서 사회 등으로의 원활한 이동을 위하여 관련 기관의 협력을 통하여 ( ㉠ ) · ( ㉡ ) 등을 실시하는 것이다.

# 전환교육 모형

학습목표 전환교육의 두 가지 핵심 모델인 협의의 모형과 포괄적 모형의 차이점을 알고, 각 모형의 유형들을 설명할 수 있다.

- Will의 가교 모형
- Halpern의 지역사회 적응 모형
- 장애학생을 위한 세 단계의 직업전환 모형
- Brolin의 생활중심 진로교육 모형
- Clark의 종합적 전환서비스 모형
- Kohler의 혼합형 진로교육 모형

• 협의의 모형: 고용·취업에 초점을 둔 모형
• 포괄적 모형: 결과보다는 과정에 초점을 둔 모형

## 01 Will의 가교 모형

① 정의: '학교에서 직업생활로의 다리 모델'로, 궁극적으로는 장애학생의 _____에 초점을 둔 것

② 세 가지 다른 수준의 교육과정(지원 서비스)

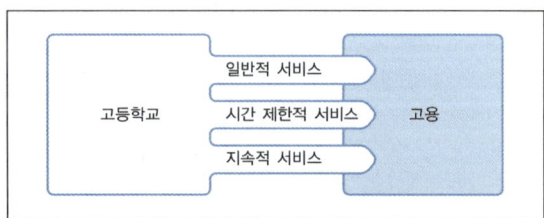

| 일 | 고등학교까지의 교육으로 졸업 후 외부 지원 없이 성인의 세계로 나아가는 방법을 스스로 찾는 서비스 |
|---|---|
| 시 | 취업을 위해 단기간의 서비스를 받는 것 |
| 지 | 지속적인 서비스를 제공하는 것 |

## 02 Halpern의 지역사회 적응 모형

① 정의: Will의 모형이 고용만 강조하는 데 이의를 제기하고, 전환의 _____을 강조해 전환의 목적과 범위를 확대

## ② Halpern의 3차원 모델

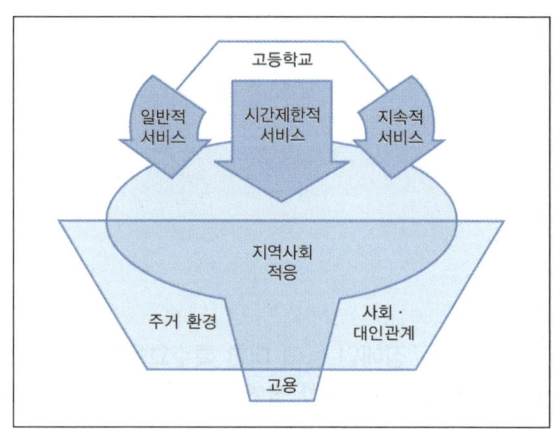

## 03 장애학생을 위한 세 단계의 직업전환 모형

① 정의: Will의 모형을 확장해 전환 프로그램의 주요 결과는 고용으로 삼고, 결과적으로 세 가지 배치유형을 제시함 → _____

② 단계

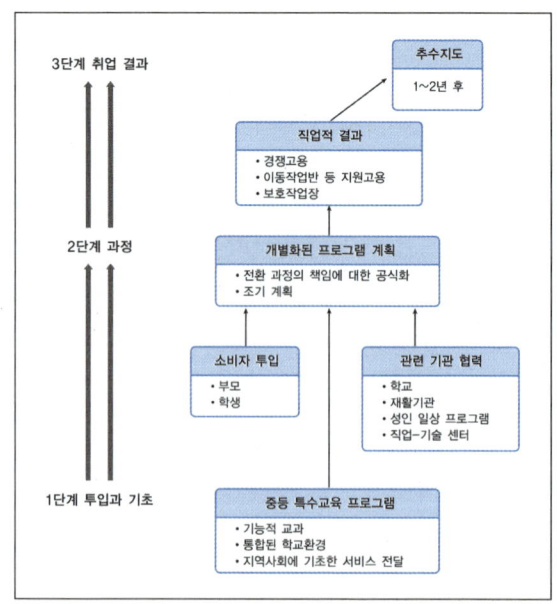

## 04 Brolin의 생활중심 진로교육 모형

① 정의 및 특징
- ㉠ 성공적으로 성인생활에 적응하는 데 필요한 기능적 교육과정을 제공하기 위한 기능적 교육과정
- ㉡ 일차원적 능력/기능은 학교 및 가정, 지역사회의 경험으로의 연결 및 직업교육의 4단계와 연결되어 3차원적인 직업교육 모형으로 구성됨

② 구성요소

| | |
|---|---|
| 1단계: 능력 | 학령기 장애학생의 성장에 기여하는 22개의 기본적인 생활 중심 능력 → _____ |
| 2단계: 경험 | 학교, 가정 및 지역사회 경험 |
| 3단계: 단계 | _____ |

## 05 Clark의 종합적 전환서비스 모형

① 1단계. 지식과 기술 영역(교육과정 내용): 9가지 → 12가지(_____)

② 2단계. 전환 진출 시점과 성과: 전환교육 서비스 안에서 유아기부터 성인기까지 모두 각각의 중요한 진출 시점들이 있고, 수직적 또는 수평적 전환과정이 존재

③ 3단계. 교육 및 서비스 전달체계: 공식적 혹은 비공식적 체계(다양한 전환교육과 서비스 제공체계에 대한 공유된 책임과 잠재력 강조)

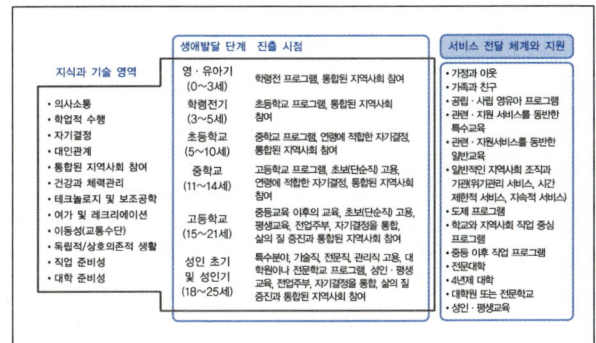

## 06 Kohler의 혼합형 진로교육 모형

① 정의: 학교에서의 교육내용에 중점을 둔 모형으로, 전환교육에서 제공해야 할 교육내용을 강조함

② 특징: 포괄적 전환교육, 결과 지향 계획, 개별화 등

③ 구성요소(영역)

| 구성요소 | 내용 |
|---|---|
| 학생 중심 계획 | 기본적으로 전환교육을 위해서는 개별화교육계획을 통해 장단기 목표를 개발하고, 이에 있어 학생의 참여를 이끌어 내는 것이 기본이 됨 |
| 학생 개발 | 학교중심의 직업교육 경험과 현장중심의 직업교육 경험 모두를 통한 생활 및 직업 관련 기술 향상을 도모해야 함. 이 과정에는 여러 영역에서의 학생평가 및 지원서비스가 포함됨 |
| 가족 참여 | 개별화교육계획에 가족을 참여시키고 옹호 역할을 수행할 수 있도록 하는 것뿐만 아니라 그들의 역량 강화를 위한 훈련에서의 참여도 강조함 |
| 각 기관 간의 협력 | 이 모형에서는 학생, 부모, 고용인 및 기관 관계자 등이 포함된 기관 간의 전환교육 협의체를 만들어서 운영하도록 제안하고 있음. 특히 서비스 전달에서의 협력에 중점을 두고 있음 |
| 프로그램 구조 | 학교에서 다양한 프로그램 및 교육과정을 마련해야 함. 이를 위해서는 지역사회 참여를 유도해 학습 기회를 제공하고, 체계적이며 사회적인 통합 그리고 모든 학생의 기술·가치·결과를 기대해야 함 |

## ✎ 형성평가

정답 및 해설은 동영상강의(유료)로 제공 ●

**01** Will의 가교 모형을 구성하고 있는 3가지 다른 수준의 교육과정을 쓰고, 간략히 설명하시오.

**05** Clark의 종합적 전환서비스 모형의 3가지 강조점을 서술하고, 개정된 모형에서 지식과 기술 영역에 추가된 2가지 내용을 쓰시오.

**02** Halpern의 지역사회 적응 모형에서 제시한 '비직업적 차원'을 모두 쓰시오.

**03** '장애학생을 위한 세 단계 직업전환 모형'의 단계를 쓰고, 해당 모형에서 제안하는 세 가지 배치 유형을 쓰시오.

**06** Kohler의 혼합형 진로교육 모델의 5가지 영역을 쓰시오.

**04** Brolin의 생활중심 진로교육 모형의 강조점을 1가지 쓰고, 진로개발의 단계를 쓰시오.

# Chapter 03 전환평가(transition assessment)

학습목표 전환평가의 정의·영역·특성을 이해하고, 다양한 평가 유형의 방법과 특징 및 장단점을 비교하여 설명할 수 있다.

## 01 전환평가의 개념

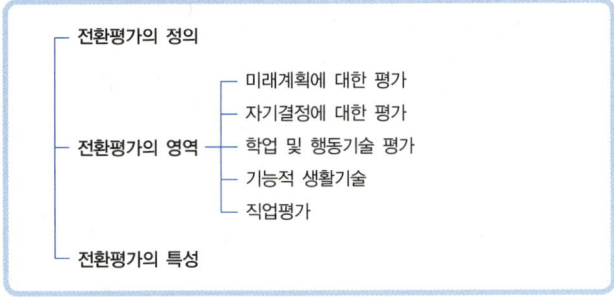

① 정의: 자료 수집 과정 → 필요한 정보 제공
- ㉠ 자료 수집: 현재와 미래의 일과 교육, 생활, 개인적·사회적 환경과 관련된 개인의 요구, 선호도, 관심 등
- ㉡ 정보 제공: 학생, 부모, 교사 그리고 관련 인사들에게 졸업 이후 미래 계획에 필요한 정보 제공

② Miller의 전환평가 영역

| 미 | 장기적인 계획 개발 |
|---|---|
| 자 | 학생의 동기를 존중하고, 교육과정의 주도권을 학생과 가족에게 양도<br>→ 학생 중심적, 소비자 주도적 |
| 학 | 학업적 및 행동적 측면에 관한 정보 수집 |
| 생 | 기능적 생활기술 → _____ |
| 직 | 장래 직업훈련 및 고용을 위한 정보 |

③ 전환평가의 특성: _____

## 02 전환평가의 유형

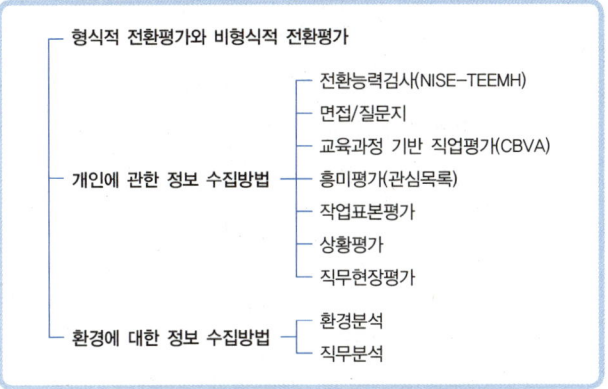

① 전환능력검사
- ㉠ 장애학생의 성인기 전환에 관한 역량을 종합적으로 평가하는 표준화 검사도구
- ㉡ 영역: 자립, 직업, 계속교육, 공통(_____)

② _____ : 여러 가지 직업 가운데 특정 직업에 대해 호의적이고 수용적인 관심과 태도 평가

③ _____ : 실제 직무나 모의된 직무를 평가실에서 검사하는 것으로, 실제 작업활동을 생산활동으로부터 분리해서 실시함
- ㉠ 특징: 실제 상황에 최대한 맞추려 하고, 구체적인 작업활동을 포함하며, 가능한 한 표준화된 형태로 표집함
- ㉡ 유형

| | |
|---|---|
| | 산업체에 있는 직무를 그대로 사용함 |
| | 하나 또는 그 이상의 직무를 모의하는 핵심 작업 요인 및 과제, 자료, 장비, 비품 등을 사용함 |
| | 고립 특성 작업표본 |
| | 다양한 직무 수행 잠재력을 평가하는 방법 |

④ _____ : 유사한 모의작업장에서 관찰을 통해 직무수행 태도, 능력, 행동뿐 아니라 직무 관련 사회적 행동, 규칙준수 등을 기록하는 평가

　㉠ 장점: 작업표본에 비해 평가환경이 실제 산업현장과 유사함, 현장평가에 비해 비용이 적게 듦

　㉡ 단점: 평가자의 관찰에만 의존하기 때문에 고도의 훈련과 경험을 가진 평가자가 필요함, 평가장소를 찾기 어려움 등

⑤ _____ : 실제 직무현장에서 직무를 수행하는 동안 고용자나 직무감독자가 수행하는 평가

　㉠ 장점: 실제 작업환경에서 평가, 해당 직종이 요구하는 능력의 정확한 평가와 관찰이 가능함

　㉡ 단점: 실제 현장을 현장평가의 장소로 이용하기 때문에 장소 선정이 어려움, 시간과 경제적 측면에서 비효율적임 등

　㉢ 상황평가와 비교: 상황평가는 평가자가 작업영역에서 개인의 시간·의무·책임·물리적 요구 및 환경 특성까지도 조절할 수 있는 융통성이 있는 반면, 직무현장 평가는 경쟁적인 작업환경에 배치하고 작업환경이나 유형을 거의 바꾸지 않은 상태에서 수행

⑥ 환경분석: 직무현장을 방문해 작업현장의 환경적 특성에 대한 정보 수집

　예 소음 수준, 주차 조건, 조명, 냄새 등

⑦ 직무분석: 어떤 직무의 특성을 과학적·체계적으로 분석하는 활동으로, 학생이 참여하게 될 각 작업현장에서 어떤 고용 준비활동을 해야 하는지를 알게 해줌

　㉠ _____ : 개인 작업자와 특정 직무 관계에서 잘 어울리는 부분과 어울리지 않는 부분을 분석.

　㉡ _____ : 특정 과제나 직무를 일련의 작은 단계로 나누는 것으로, 특정 과제나 직무를 성공적으로 완성하기 위한 개별 내용·행동 혹은 필요한 단계를 문서로 작성함

## 03 전환교수와 전략

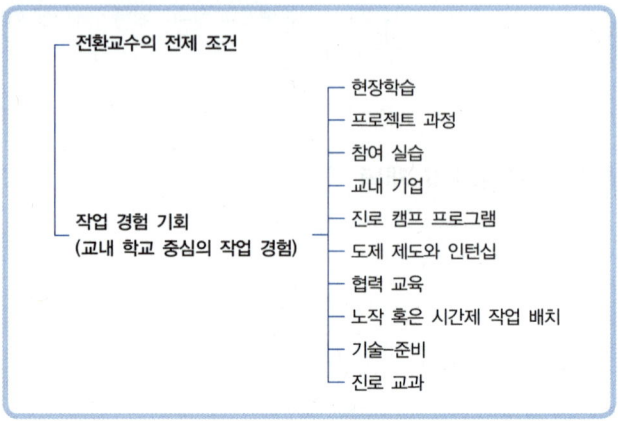

① 현장학습: 가장 단기간에 이루어지며, 작업 경험 정도가 약함 예 현장 견학이나 산업체를 관찰 방문

② 참여 실습: 작업 과제, 작업 과정, 특정 직장인의 작업장 등을 학습하기 위해 업체를 방문함

③ 교내 기업: 학교 내 제품 생산이나 판매를 위한 서비스 시설을 갖추고 학생 및 교직원들이 이용하는 활동 → 일·소비자와의 상호작용 경험, 교과 수업과 별도로 혹은 연계하여 직업 교육과 직업 준비를 강조할 수 있음

　예 교내 식당, 교내 매점, 출판 편집사, 건강 센터 등

## 형성평가

정답 및 해설은 동영상강의(유료)로 제공 ●

**01** 전환평가의 정의를 쓰시오.

**02** Miller가 제시한 전환평가의 영역을 모두 쓰고, 각 영역의 평가 초점을 간략히 서술하시오.

**03** 전환평가의 특징 중 '종합성', '지속성', '개별성'의 개념을 서술하시오.

**04** 다음에서 설명하는 전환평가의 유형을 순서대로 쓰고, (ㄱ)과 (ㄴ) 전환평가의 차이점을 1가지 서술하시오.

> (ㄱ) 실제 작업환경과 유사한 모의작업장에서 학생의 직무 수행과 행동을 체계화된 관찰기법을 통해 평가하는 것이다.
> (ㄴ) 실제 직무현장에서 학생이 직무를 수행하는 동안 평가하는 방법이다.
> (ㄷ) 실제 작업활동을 생산활동으로부터 분리하여 실제 직무나 모의된 직무를 평가실에서 실시한다.

**05** 전환능력검사(NISE-TEEMH)에서 초·중·고 공통 영역에 해당하는 검사 하위영역을 3가지 쓰시오.

**06** 작업표본 평가의 4가지 유형(유목)을 쓰고, 작업표본 평가의 장점과 단점을 각각 1가지씩 쓰시오.

**07** 빈칸에 들어갈 내용을 순서대로 쓰시오.

> 어떤 직무의 특성을 과학적이고 체계적으로 분석하는 활동인 ( ㉠ )은/는 학생을 직무에 배치하기 전에 실시하며, ( ㉡ )을/를 통해 학생과 특정 직무관계에서 잘 어울리는 부분과 잘 어울리지 않는 부분을 분석해준다. ( ㉢ )은/는 교수계획을 보다 적절하게 하기 위해 큰 과제를 일련의 작은 단계로 나눈 것이다.

**08** 학교 기업(교내 기업)의 방법을 서술하시오.

# 전환의 결과 : 고용

학습목표 3가지 고용 유형을 비교하고, 특히 지원고용의 절차와 방법, 직장 내 자연적 지원에 대해 설명할 수 있다.

## 01 경쟁고용

┌─ 경쟁고용의 개념
├─ 경쟁고용의 특성
└─ 경쟁고용의 장단점

① 정의 : 자율 노동시장 환경에서 일반인과 같은 경쟁을 통해 임금을 받고 부과되는 책임을 지며 일하는 것

② 특징
   ㉠ _____
   ㉡ _____
   ㉢ _____

③ 장점 : 사회에 가장 잘 통합됨, 보수가 높음, 안정적인 직업에 종사, 작업 여건이 좋음

④ 단점 : 특정 기능과 기술을 보유하고 비장애인과 경쟁할 수 있는 능력을 갖추어야 함

## 02 지원고용

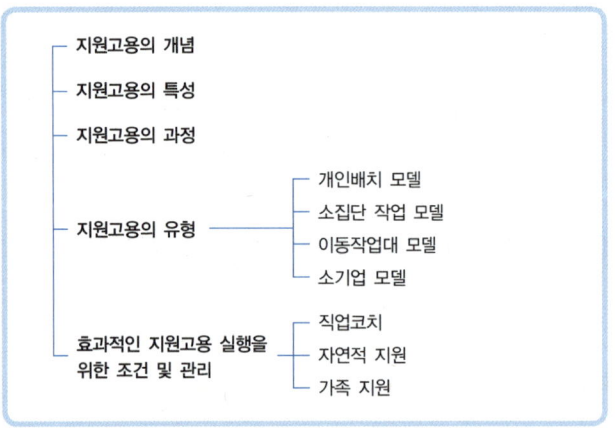

┌─ 지원고용의 개념
├─ 지원고용의 특성
├─ 지원고용의 과정
│
│                ┌─ 개인배치 모델
├─ 지원고용의 유형 ──┼─ 소집단 작업 모델
│                ├─ 이동작업대 모델
│                └─ 소기업 모델
│
│ 효과적인 지원고용 실행을  ┌─ 직업코치
└─ 위한 조건 및 관리 ─────┼─ 자연적 지원
                        └─ 가족 지원

① 정의 : 경쟁고용이 어려운 중증장애인이 통합된 작업장에서 지속적인 지원 서비스를 제공받으며 일하는 것

② 특징
   ㉠ _____
   ㉡ _____
   ㉢ _____

③ 과정 : _____
   ㉠ 구직장애인 특성 분석
     • **기초 자료** : 초기 면접, 직업평가 결과 등에서 파악된 정보를 활용함
     • **내용** : 기능 수준뿐만 아니라, 본인과 보호자가 희망하는 취업 욕구를 함께 조사함
     • **목적** : 추후 사업체의 직무 요구사항과 비교해 적합성을 판단하기 위함
   ㉡ 사업체 개발
     • **사업체 개발** : 지역사회 내 잠재적 취업처 발굴
     • **직무분석** : 해당 직무 수행에 필요한 신체능력, 인지, 작업수행, 사회성 등의 기능 정도 파악
     • **목적** : 구직장애인에게 특정 직무가 적합한지 결정

④ 유형
   ㉠ 개인배치 모델
     • 직업코치가 하나의 작업장에 장애인과 일대일로 배치되어 전반적 훈련을 실시함
     • **장점** : _____
     • **단점** : 시간과 경비에서 비경제적, 직업코치에게 의존하여 프로그램의 효율성이 한 사람의 역량에 의해 좌우됨

ⓛ 소집단 작업 모델
- 기업 내 3~8명의 장애인을 집단으로 배치하고 1명의 직업코치를 배정함
- 최상의 작업 라인에 바로 작업하기에 어려움이 있어 지원을 더 필요로 하는 중증 장애인을 대상으로 실시함
- 장점 : _____
- 단점 : 소집단의 형태로 구성되므로 개별배치의 경우보다 통합의 질이 떨어짐

ⓒ 이동작업대 모델
- 3~8명의 작업자들이 짝을 이루어 지역 내 특정 하청 서비스를 수행
- 소집단 작업모델과의 차이점 : _____
- 장점 : _____
- 단점 : 일반 근로자와의 접촉 기회 부족, 많은 감독 필요, 초과 비용 문제 등

ⓔ 소기업 모델
- 비장애인과 장애인을 함께 고용해 영리를 목적으로 운영
- 장점 : 중증장애인도 생산적인 활동 수행, 지역사회 편견 완화
- 단점 : 사회적 통합의 기회가 줄어듦

⑤ 효과적인 지원고용 실행
ⓐ **직업코치** : 실제 작업현장에서 지원고용 장애인에게 직업훈련을 제공함. 그러나 문제점도 존재함
→ _____
_____

ⓑ _____ : 어떤 사람에게나 제공될 수 있는 작업장 내의 지원 예 고용주, 감독자, 직장동료

🔍 **동료 근로자가 제공할 수 있는 자연적 지원(박희찬, 2016)**

| 지원 | 내용 |
|---|---|
| 조직적 지원 | • 필요한 재료들을 찾기 쉬운 장소에서 제공하기 (직무 순서 조정하기)<br>• 이동을 고려해 직무 배치하기(필요할 때 적절한 업무 찾아주기)<br>• 필요한 장비 제공하기(위험요인에 대해 미리 설명하기)<br>• 훈련 일정에 대해 안내하기 |
| 물리적 지원 | • 사용하는 도구 수정하기(일이 없을 때 쉴 수 있는 공간 제공하기)<br>• 보조공학도구 사용하기 |
| 사회적 지원 | • 쉬는 시간에 이야기 나누기(간식 함께 먹기)<br>• 실수를 했을 때 위로해주기(작업장에서 지켜야 할 규칙 설명하기)<br>• 같이 일하는 직원 소개해주기(의사소통 시작행동 먼저 하기) |
| 훈련적 지원 | 수행방법에 대한 모델 제공하기(이해하지 못하는 것에 대해 설명하기) |

## 03 보호고용

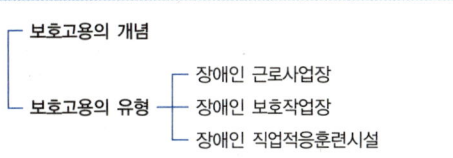

① **정의** : 일반 직장의 작업조건하에서 일하기 어려운 사람에게 특별한 작업환경을 마련해주고, 그 환경에서 근무하면서 보수를 받을 수 있도록 배려한 고용 형태

② **목적** : 장애인에게 직업과 관련된 구체적인 기술을 훈련시켜서 지역사회 내의 지원고용으로 나아가게 하는 것

③ **특징 및 단점**
ⓐ 장애인이 작업할 수 있는 시설이나 장비, 환경에 대한 배려가 있음
ⓑ 보호된 환경에서 주로 장애인들을 중심으로 고용이 이루어지므로 사회통합의 제한이라는 한계가 있으며, 임금 수준이 낮고, 직종 다양성도 떨어짐

④ **유형**
ⓐ _____ : 직업능력은 있으나 이동 및 접근성이나 사회적 제약 등으로 인해 취업이 어려운 장애인에게 근로의 기회를 제공하고, 최저임금 이상의 임금을 지급하며, 경쟁적인 고용시장으로 옮겨갈 수 있도록 돕는 역할을 하는 시설

ⓛ _____ : 근로사업장에 비해 장애의 정도가 더 심한 장애인을 대상으로 고용이 이루어지며, 직업능력이 낮은 장애인에게 직업적응능력과 직무기능 향상훈련 등 직업재활훈련 프로그램을 제공하고, 보조가 가능한 조건에서 근로의 기회를 제공하며, 이에 상응하는 노동의 대가로 임금을 지급함

ⓒ _____ : 생산적인 작업을 할 수 없는 장애인들에게 여러 가지 활동 프로그램을 제공함. 무보수로 일하며 보통 작업에 대한 집중력과 지구력을 높이는 재활훈련으로 구성되어 있음

## 🖊 형성평가

정답 및 해설은 동영상강의(유료)로 제공 ●

**01** 경쟁고용과 지원고용의 공통점 2가지와 차이점 1가지를 서술하시오.

**05** 지원고용과 보호고용의 차이점을 쓰시오.

**02** 아래에 제시된 지원고용 유형의 명칭을 쓰고, 각각의 장단점을 1가지씩 쓰시오.

> (ㄱ) 직무지도원 1명이 장애학생 1명을 전담하여 전반적인 훈련과 직업 적응을 지원한다.
> (ㄴ) 직무지도원 1명이 3~8명의 장애학생들이 지역 내 특정한 하청 서비스를 수행하는 것을 지원한다.
> (ㄷ) 지역에 있는 기업 내에서 일하는 특별한 작업 집단으로, 보통 3~8명의 장애인을 집단으로 배치한다.

**06** 보호작업장과 작업활동센터의 차이점을 쓰시오.

**03** 자연적 지원의 예를 2가지 쓰시오.

**04** 자연적 지원 4가지 유형에 대해 간략히 서술하시오.

**2027** 특수교사임용시험 대비

# 김은진
# 스페듀
# 합격노트

**Vol. 2**   지적장애    통합교육    학습장애    전환교육

---

**초판인쇄** | 2026. 2. 5.  **초판발행** | 2026. 2. 10.  **편저자** | 김은진

**발행인** | 박 용  **발행처** | (주)박문각출판  **표지디자인** | 박문각 디자인팀

**등록** | 2015년 4월 29일 제2019-000137호  **주소** | 06654 서울시 서초구 효령로 283 서경빌딩

**팩스** | (02)584-2927  **전화** | 교재문의 (02)6466-7202

저자와의
협의하에
인지생략

**정가 11,000원**

ISBN 979-11-7519-539-4    ISBN 979-11-7519-537-0(세트)